Rs. 750
ताज महल - भारत TAJ MAHAL - INDIA
BHUBANESWAR   CHENNAI CENTRAL
COACH SEAT/BERTH SEX AGE T AUTHORITY
B2 38 UB F 26
Rs.ONE ZERO FIVE EIGH
VALID WITH ORIGNAL ID
25
CORONANDAL EXP   BRD BHUBANESWAR   SCH.DEP 29-08 21:25 APR 30
757 22-08-2012 14:53 ITB 2 VIA VSKP-BZA
कम्प्यूटरीकृत आरक्षण प्रण
रजत जयन्ती वर्ष
NON TRANSFERABLE
NO VIDEO CHARGE
A.C. COACH
Semi
Sleeper & Sleeper
No.
Name & Address of Tourist
RORA
(M)
From Amritsar To
Coach No.
Seat/Sleeper No.
ARORA TOURS & TRAVE
CHINAR
CHINAR
APPLE BEER
NON-ALCOHOLIC
READY TO SERVE CARBONATED FRUIT BEVERAGE
INGREDIENTS : Carbonated Water, Reconstituted
Apple Juice, Sugar, Acidity Regulator (330),
Permitted (Class II) Preservatives (E 211, E 224) and
Permitted Natural Colour (150 D) CONTAINS FRUIT
QUANTITY OF SUGAR ADDED 10.0gm/100gm
MFD. 01-05-2010
BATCH NO. N-001
MRP Rs. 16.00
Incl. of all taxes
NET CONT : 275 ml.
BEST BEFORE SIX MONTHS FROM MAN
36950
34695
120812
ADMISSION CONTRIBUTION Rs. 300.00
A/ 120812
(Travel Agents Copy)
ADVANCE RE
HOTEL
JAI MA
3-G, Sundar Path, Behind Crystal M
with thanks from
Six hundr
No. 303
the reception one hour earliest
rent will not be refu
LUXURY D. S. No 069375
Rs. 40
HARBOUR CRUISING
Daily Elephants Services 9:00 to 2:30 Eve Every Half Hr
DELUXE / ECONOMY LAUNCHES ALSO AVAILABLE
FOR MOONLIGHT PARTIES FILM SHOOTING
GATEWAY ELEPHANTA
JAL VAHATUK SAHAKARI S. M.
Gateway   Bunder, Mumbai - 400 001.
NOT   Five Years
TRAIN NO.   DATE
24-08-2012 1863
25 years
JOURNEY CUM RESERVATION T
NEW DELHI   PURI
F 26
AUTHORITY   CONC   RPEE   S.CH   SF.CH   VOUCH. Rs.   T.CASH Rs.
25   39   1350
Rs.ONE THREE THREE ZERO ONLY
VALID WITH ORIGNAL ID
25
AM EXP BRD NEW DELHI   SCH.DEP 24-08 22:20 ARR 26-08 05:30
14:53 ITB 2 VIA TKJ -CNB -ALD -MGS -GMO -TATA
कम्प्यूटरीकृत आरक्षण प्रणाली
रजत जय
INDIA'
PRID
Amigo
Candy
Near Poonam Guest
Tel : 0832-
candyamigo58@yah
Self-contained rooms
restaurant
ambience
such sunset
Goa.
SRI ANDAVAR BUS SERVICE.
From   PUDHUCHERRY
To
196
Subject to M.V. Act
234
K 6
WB11B
F604
DEPT
F604
K 6
101.00 150.00
3629048
C No 077500
Sl.
ZOOLOGICAL GARDEN
THIRUVANANTHAPURAM
ADMIT ONE CAMERA
Rs. 25 (Rupees Twenty Five)
3342
23 A

인도여행의 흔적들

INDIA
PRID
JOURNEY CUM RESERVATION TICKET
BANGALORE CY JN
230
RT230
Protect yourself from glucoma. Detect it early
due to glucoma can be prevented by regu
HAPPY JOURNE
150 GLORIOUS YEARS
PNR NO.
621-0831689
CLASS
NEW JALPAIGURI
MUGHAL SARAI JN RESV. UPTO
JOURNEY CUM RESERVATION TICKET
Rs.ONE SIX EIGHT FOUR ONLY
VALID WITH ORIGNAL ID
BRAHMPUTRA MAIL
Db
009951
200 Ps
S.W.T.O ALLEPPEY
NOT TRANSFERABLE
அன்னம்
400
@annam
0413 - 2343545.
PEOPLE TREE
www.peopletreeonline.com
₹5/-
LOGICAL SURVEY OF INDIA
KETED MONUMENTS OF INDIA
ताज महल TAJ MAHAL
WHFB- 001
ARCHAEOLOGICAL SURVEY OF INDIA
WORLD HERITAGE SITES OF
PUDUCHERRY
bonjou
MNH VEGETABLES
WHOLESALE & RETAIL
Ernakulam Market, Cochin-31
Ph: 9995152023   8089118442   9744688532   953960377
Lx
J13853
250 Ps
S.W.T.O ALLEPPEY
NOT TRANSFERABLE
VICTORIA MEMORIAL HA
KOLKATA, I
MARCH
STALL NO: 116
ERNAKULAM
173926
BCB
105
FN/F
ADMISSION TICKET FORE
No.   767   Date :
KODAIKANAL MUNICIPALITY
COAKER'S WALK
NAMASTHE
Art Centre

인도 바람도 그릴 수 있다면…

인도, 바람도 그릴 수 있다면…

만화·사진·글 박혜경

에디터
editor

　　인도의 많은 도시 중 내가 유독 좋아하는 곳은 서벵골 주의 콜카타이다. 한낮의 더위를 식힐 겸 콜카타의 여행자 거리에 있던 KFC에 갔다가 깜짝 놀랄 수밖에 없었다. 계산대에서 주문을 하려고 보니 직원들이 모두 청각장애인이었다. 앞에 선 직원은 생긋 웃으며 내 얼굴을 유심히 쳐다보면서 주문을 받았고, 그들은 그 어떤 소란이나 당황도 없이 재빨리 손으로 의사소통을 했다. 서로를 향한 눈짓과 수화에는 필시 내가 모르는 분주함이 있을 터였다. 매장의 손님들은 장애인 직원들로 구성된 이곳에서 조금의 이질감도 느끼지 못한 듯 그저 햄버거를 오물거리며 각자의 시간을 보내고 있었다. 이곳에서 유일하게 들을 수 있고 말할 수 있는 직원이었던 매니저는 꼭 필요한 경우에만 직접적인 도움을 주는 정도였다. 모두가 그렇게 눈치껏. 서로의 입장과 차이를 인식하며. 그날, 콜카타의 한 작은 매장에서 벌어지는 이 풍경에 나는 경외심을 느끼고 말았다.

　　여행을 떠나기 전 내가 인도에 대해 아는 것이라곤 타지마할과 간디뿐이었지만, 어느 날 불현듯 호기심이 생겨 몇 개월의 여름에 걸쳐 여행을 떠났다. 인도의 여름은 끔찍했다. 방금 산 생수가 금세 미지근해지고, 연거푸 물을 들이켜도 가시지 않는 갈증. 하루에도 수십 번씩 화장실에 드나들게 되는 배앓이. 불과 한나절 만에 강렬한 태양에 빨갛게 부어오른 뒷목과, 물티슈로 얼굴을 슥 닦으면 믿을 수 없을 정도로 까맣게 묻어나오는 온갖 먼지. 길을 한번 건너려 해도 자동차, 자전거, 릭샤, 사람들, 그리고 소와 염소 등 온갖 것들에 신경을 곤두세워야 했다. 내가 잘하고 있는 걸까…… 회의가 들 만큼 배낭이 무겁게 느껴지던 순간도 있었다.

하지만 그런 것은 아무래도 좋았다. 하루 이틀이 지날수록 끝없이 실소가 새어나오기 시작했다. 아침에 느지막이 일어나 고양이 세수를 한 뒤 신발을 직직 끌며 숙소를 나서는데, 갑작스레 낯선 무언가와 머리를 쿵! 부딪혔다. 그야말로 눈앞에 별이 번쩍! 얼얼해진 이마를 부여잡고 눈물을 찔끔 흘리다가 비로소 어제와 달라진 오늘을 발견하고야 말았다. 내가 인도를 좋아하게 된 계기는 일상적 습관이나 약간의 일탈 속에서, 기승전결이 엉망인 사건을 맞닥뜨리던 바로 그 순간이었다. 인도에서의 상황은 도무지 예측 가능한 일이 거의 없었다. 때문에 많은 여행자들은 예고나 징조도 없는 이 황당하고 어이없는 사건에 속수무책으로 말려들곤 하는데, 처음엔 핏대를 세우며 화를 내고 다음엔 제풀에 지쳐 포기하고 급기야 슬슬 즐기게 되는 것이다.

그런 내게 누군가는 귀에 못이 박이도록 말했다. "넌 네 의견이 없어?" 그가 그런 말을 했던 이유는 내가 식당이랄지, 어떤 도시에 가고 싶은지, 기차를 탈 건지 버스를 탈 건지 등의 선택권을 종종 다른 일행에게 양보했기 때문이었다. "원하는 게 있으면 너도 A처럼 고집 좀 피워!" 라는 게 요지였다. 하지만 그가 모르는 게 있었다. 처음부터 나는 반드시 인도여야만 했던 여행이었고, A는 인도가 아니라도 상관없는 여행이었다. 선택의 범위란 이토록 무섭다. 인도를 선택한 나는 아무래도 좋았으니까. 그 안에서 무엇을 먹든 무엇을 보든 무엇을 타든 난 이미 그 모든 것에 속해있는데, 소소한 선택으로 내 취향을 고집 피우는 것 따위. 그쯤이야 백 번이라도 양보할 수 있었다. 하지만 인도에서 만족을 찾을 수 없었던 A는 다른 부수적인 요소에서 그것을 얻으려 했지만 녹록지 않았다. 제 취향을 다른 이에게 절대 양보하지 않던 그는 끝내 인도를 좋아하지 않았으니까.

나름의 속도와 방식대로 적응해가면서 나는 인도의 아주 사소한 것까지 모두 그리고 싶었다. 공기와 열기, 향기, 언어, 질감, 시선, 몰입, 설렘, 교감, 우정, 유일함 등 그 모든 걸. 개인의 여행이 보편적 이야기가 되기까지 생각하고 또 생각했다. 주섬주섬 희로애락을 설정하고, 그림을 그리기 위해 색을 정하고, 글을 쓰기 위해 단어를 찾고, 여러 번 사실을 확인했다. 그렇게 모인 이야기가 많은 분들의 도움을 얻어 한 권의 책이 되었다.

가장 먼저 부모님께 깊은 감사를 드린다. 한 자리에 가만히 정착하지 못하고 시시때때로 멍하니 하늘만 바라보던 나를 '언젠간 뭐라도 되겠지?'라는 묵묵한 인내심으로 지켜봐주셨다. 물론 제발 방청소 좀 하라는 등 약간의 잔소리는 있었지만 말이다. 나는 부모님을 통해, 아주 먼 곳에서 길을 잃고 헤매더라도 언제든 마음 놓고 돌아올 곳이 있다는 건 크나큰 축복이라는 걸 느꼈다. 또 내 성격을 다 받아준 두 동생들에게도 고마움을 전하고 싶다. 새벽에 그림을 그릴 때면 살포시 간식을 주고 간다거나 발소리를 죽이는 등 귀여운 짓을 서슴지 않았다. 가끔은 내가 동생이 아닐까 헷갈릴 때도 있다.

그리고 서툴고 부족한 내게 기꺼이 출판의 기회를
마련해주신 승영란 대표님과 에디터출판사 분들께도 감사를 드리고 싶다. 아
무것도 모르던 내게 그분들이 든든한 징검다리가 되어준 덕분에 내 철없는
인도방랑이 한량으로 끝나지 않을 수 있었다. 그렇게 많은 분들의 도움이 없
었다면 《인도, 바람도 그릴 수 있다면》은 결코 세상에 나올 수 없었을 것이
다. 몇 년 전 인도에 첫발을 내딛던 그 날에는 결코 상상도 못했던 일이다. 개
인의 미래는 불확실성 속에서 내딛는 지금의 첫걸음에서 이미 시작된 것. 나
는 여행을 통해 그것을 경험했고, 그렇게 믿고 있다. 이 책이 앞으로 인도에
갈 많은 분들께 도움이 되었으면 좋겠다.

2013년 10월 박혜경

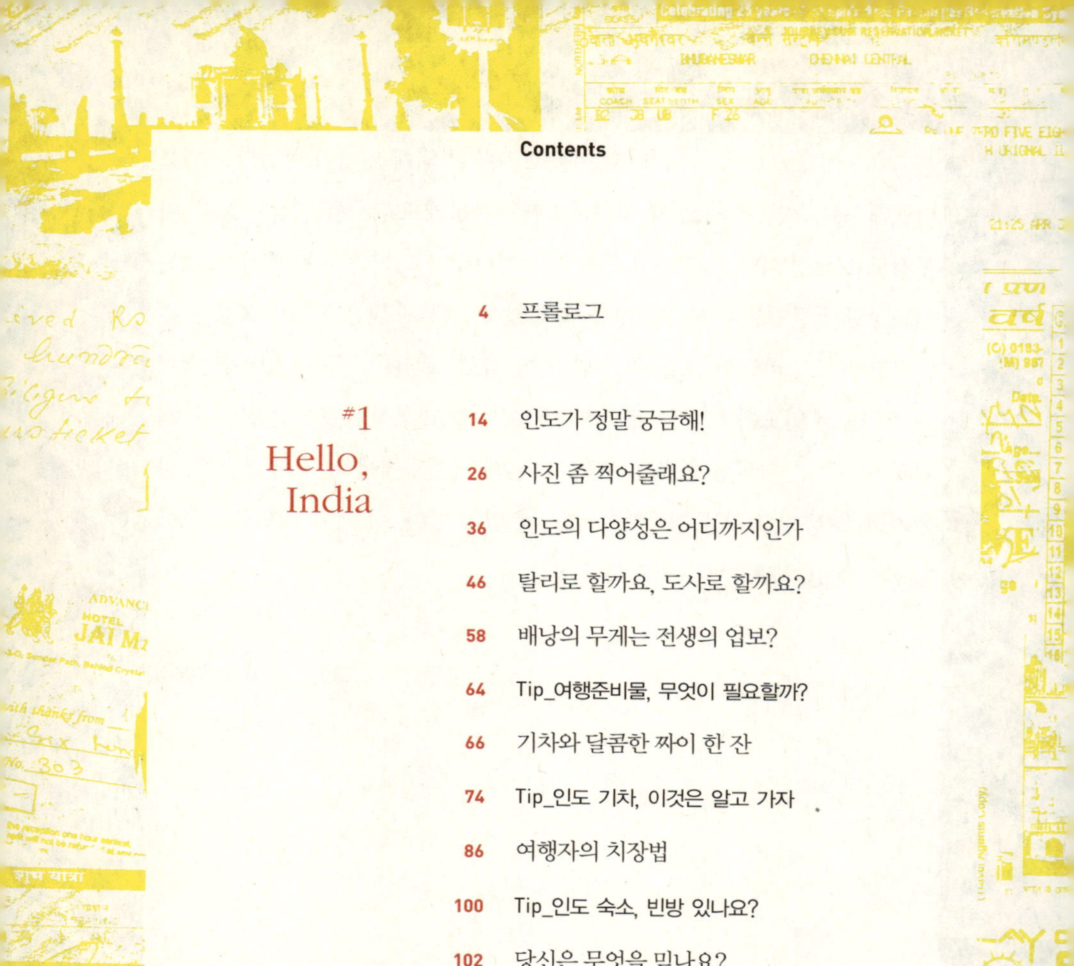

Contents

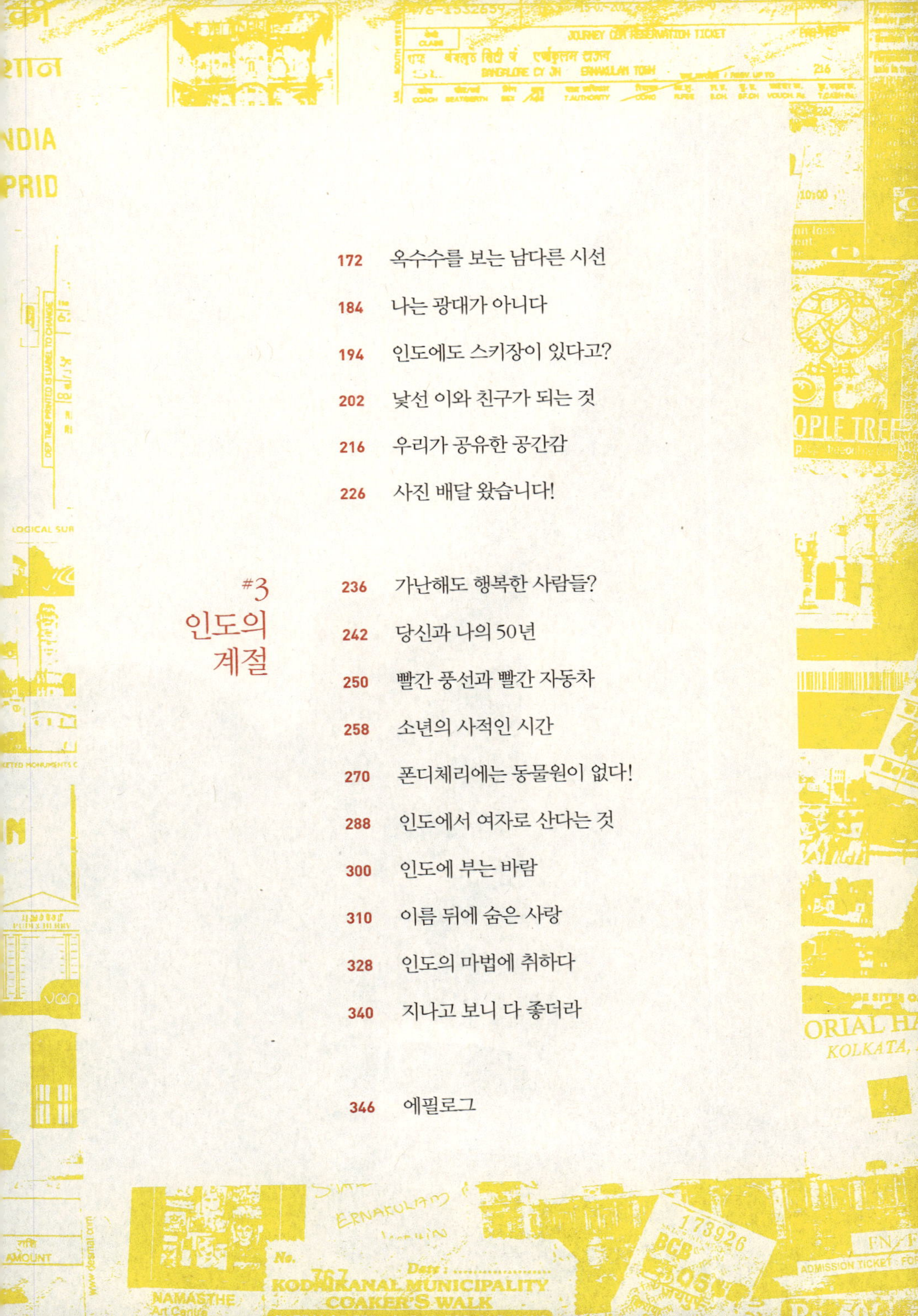

Hello, India

화가는 자기 그림이 제 나이이고, 시인은 시가 제 나이이며,
시나리오 작가는 자기 영화가 제 나이이다. 바보들만 자기 동맥이 제 나이이다.
—앙리 장송

인도가 정말 궁금해!

학창 시절, 교과서에서 많이 봤던 인도의 타지마할.

무굴제국의 황제였던 샤 자한은 사랑하던 왕비 뭄타즈 마할이 아이를 낳던 중 사망하자

세계 곳곳의 건축기술자를 불러 모으고 국가 재정이 휘청일 정도의 엄청난 보물을 수입한 뒤 아내를 추모하기 위해 22년의 세월에 걸쳐 세기의 건축물, 타지마할을 만들어냈다.

1 무굴제국의 수도였던 아그라Agra의 야무나 강가에 위치한 궁전 형식의 묘지 타지마할. 인도인들이 붉은 사암으로 지어진 모스크의 그늘에 앉아 순백의 타지마할을 바라보고 있다. 2 타지마할로 들어가는 출입문. 타지마할은 이슬람 예술의 보석이라 불리며 일찍이 유네스코 세계문화유산으로 등재되었다. 매주 금요일은 휴관일이다. 3 야무나 강 건너편에서 바라본 타지마할.

학교를 졸업하고 출판사에 취직해
편집 디자이너로 근무하던 어느 날
회사에서 타지마할을 그리게 되었다.

서점에서 인도여행 코너를 한참 동안 기웃거리지를 않나
인도가 배경인 영화와 책을 보는 취미가 생기질 않나…

인도를 여행하는 달콤한 상상을 좀처럼 멈출 수 없게 되었다.

그러던 어느 날 여느 때처럼 만원 지하철을 타고 출근하고 있는데
한 수녀님이 노란색 유치원 가방을 멘 아이들을 데리고 전철에 올랐다.

아이들은 각자의 사색에 빠진 주변 어른들을 두리번거렸다.

그때 갑자기 요란한 소리를 내며 전철이 급정거했고
타고 있던 모든 사람들이 중심을 잃고 휘청거렸다.

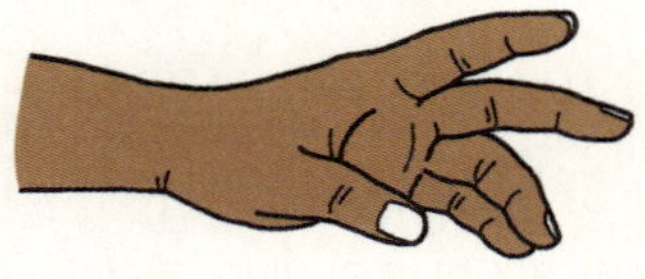

노동에 거칠게 갈라진 손…
하얀 손과 까무잡잡한 손…

반짝이는 예쁜 반지를 낀 손…
지하철 손잡이를 꼭 잡고 있는 손…

신문이나 책을 들고 있는 손…

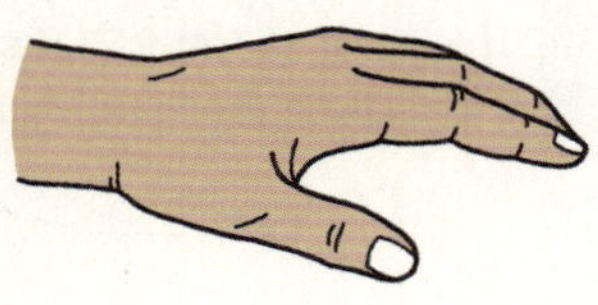

그 손들은 각기 어디선가 뻗어 나와 행여 아이들이 넘어질까 봐
노란색 가방과 작은 어깨와 여린 손목을 붙잡아 중심을 바로 세워주었다.

그리고 전철이 본래의 속도로 돌아오자 언제 그랬냐는 듯 다시 조용해진 어른들.

그 찰나를 목격한 나는 조금 전과는 완전히 다른 기분이 들었다.

나는 그렇게 흔들리는 지하철 안에서 그간 막연히 꿈꾸던 것을 실행하기로 마음먹었다.

인도에 가겠다고 하니 주변 사람들의 반응은 상당히 재미있었다.

나는 인도에 다녀온 경험이 있는 사람들의 경고와 조언에는 귀를 기울이고
인도에 안 가 본 사람들의 부정적인 추측과 짐작은 신경 쓰지 않기로 했다.

부모님께 말씀드리는 건 허락이 아닌 통보에 가까웠지만 흔쾌히 이해하셨다.

오직 인도에 가기 위해 직장을 그만뒀는데 정작 중요한 걸 가장 뒤늦게 깨달았다.

인도여행의 적기는 한국의 가을과 겨울에 해당하는 10월~2월인데
이때 인도의 날씨는 대체로 선선해서 여행하기에 딱 좋다고 한다.

하지만 내가 가려고 계획한 때는 3월~9월이었다.
현지인들도 더위에 지쳐 흐물흐물 늘어지는 한여름이었던 것이다!

더위가 두려웠던 나는 인도에 가지 말까 심각하게 고민했다.

결국 두려움보다 호기심이 훨씬 컸기 때문에
무한한 기대감 속에 비행기를 탈 수밖에 없었다.

앞으로 인도에서 겪게 될 문제가 더위뿐만이 아니었음을 그땐 미처 알지 못한 채…

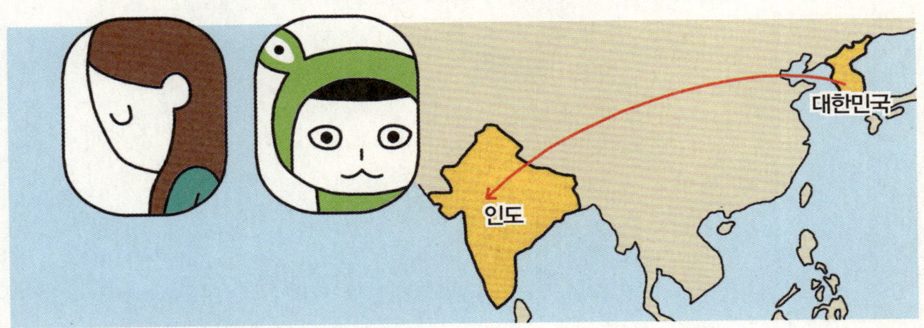

사진 좀 찍어줄래요?

인도에 도착해 가장 먼저 피부에 와닿은 건 시끄럽고 난잡한 거리였다.

남녀노소를 불문한 현지인들의
뜨거운 시선도 빼놓을 수 없었다.

조금 과장하면 마주 걸어오는 모든 사람들과 눈이 마주친다 해도 과언이 아닌데
처음엔 인도인들의 까맣고 커다란 눈동자가 굉장히 낯설고 위협적으로 느껴졌다.

개중에는 친절을 베풀며 능숙하고 자연스럽게 말을 거는 사람들도 있었다.

하지만 대부분은 호객꾼이거나 얄팍한 수법으로 내 지갑을 노리는 사람들이었다.

나는 점차 인도인들을 경계하기 시작했다.

탄자부르의 브리하디스와라 사원

한 번은 탄자부르의 사원을 혼자 걷고 있는데 아이들이 우우 몰려다니며 흘끔대는 게 아닌가.

행여 짓궂은 장난을 칠까 봐 잔뜩 긴장했는데 아이들의 의도는 순진할 정도로 단순했다.

인도인의 시선이 대부분 악의 없는 단순한 호기심이라는 걸 분별하기까지 꽤 오랜 시간이 걸렸다.

차파티 : 밀가루를 반죽해 손바닥 크기로 둥글게 구운 인도 음식. 사진 찍을 때 종종
'차파티~'를 외치는 아이들이 있는데 한국인들이 '김치~'를 외치는 것과 똑같다.

인도 펀자브 주의 암리차르라는 도시에는 시크교의 성지 황금사원Golden Temple이 있다.
영국 BBC 방송에서 '죽기 전에 꼭 가봐야 할 50곳' 중 6위에 선정될 정도로 의미 있는 곳이다.

이곳에 들어설 때는 머리카락이 보이지 않도록
모자나 머플러를 이용해 잘 가린 뒤 신발을 벗고 들어가야 한다.
규칙을 지키지 않으면 근처에 있던 사람들이 주의를 시킨다.

인도에선 덥수룩한 수염을 기르고 머리엔 커다란 터번을 쓴 남자들을 종종 볼 수 있는데
이들이 바로 인도의 종교 중 하나인 시크교를 믿는 시크교도들이다.

시크교의 어린 남자아이나
아직 결혼을 안 한 성인 남자는
이런 식으로 머리를 동여맨다.

암리차르 Amritsar

파키스탄 국경과 30km 정도 떨어진 암리차르
의 황금사원은 시크교의 총본산이다. 인도 최
초의 여성 총리였던 인디라 간디의 시크교 탄
압정책에 의해 1984년도에 황금사원이 파괴
되고 수많은 시크교도가 목숨을 잃는 수모를
겪기도 했다. 시크교는 본래 힌두교에서 파생
된 종교이지만, 힌두교의 신분제도인 카스트를
거부하고 모든 인간의 평등함을 교리로 삼고
있다.
황금사원은 종교와 국적을 불문하고 이곳에 찾
아온 모든 방문객에게 식사와 숙소를 무료로
제공한다. 사람들은 조용히 경내를 맴돌거나
눈이 마주치면 조금 웃음을 짓거나 몸을 굽혀
정성껏 기도를 하곤 한다.

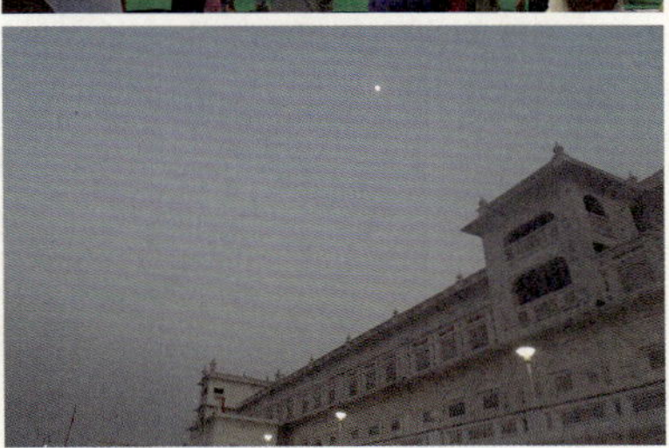

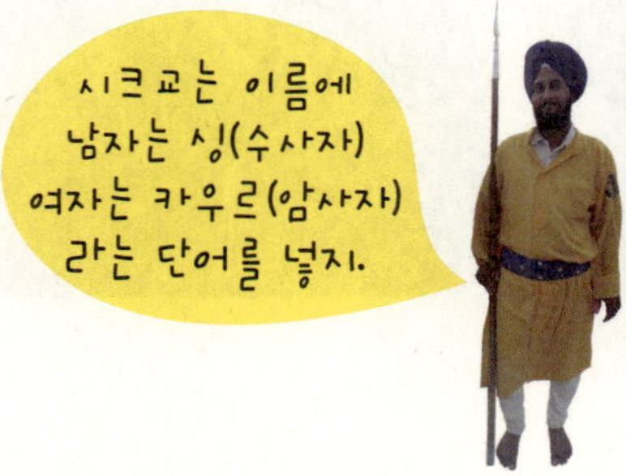

순금과 대리석으로 장식된 황금사원을 감상하고 있는데 뒤에서 누군가가 콕콕 찔러댔다.

돌아보니 한 아이가 내 카메라를
손가락으로 수줍게 가리키고 있었다.

나는 기꺼이 아이들의 모습을 내 카메라에 담아 즉석에서

찍은 사진을 보여줬다.

그러자 화면 속 자신들의 모습을 가리키며 와하하 웃음을 터트리는 아이들.

사진 찍히는 걸 재미있어 하는 인도인들이 어느 땐 유별날 정도였다.
하루는 카르나타카 주의 함피Hampi라는 작은 마을에서 유적지를 구경하고 있었다.

그곳에는 우리 일행 말고도 인도인 관광객들이 많았는데
황당하게도 우리 주변으로 사람들이 모여들기 시작했다.

얼떨결에 단체 사진을 찍게 되었는데 어디선가 아기를 안은 아저씨가 빛의 속도로 달려왔다.

그리고 은근슬쩍 사람들 옆에 서서 사진 찍기에 동참하는 게 아닌가.

하지만 그런 건 아무런 문제가 되지 않는 이곳, 인도!

인도의 다양성은 어디까지인가

남아시아에 위치한 인도는 중국, 네팔, 부탄, 파키스탄, 방글라데시, 미얀마와 맞닿아 있다.
국토 크기는 한국의 33배이고 인구는 세계 2위이다. 시차는 한국보다 3시간 30분이 늦다.

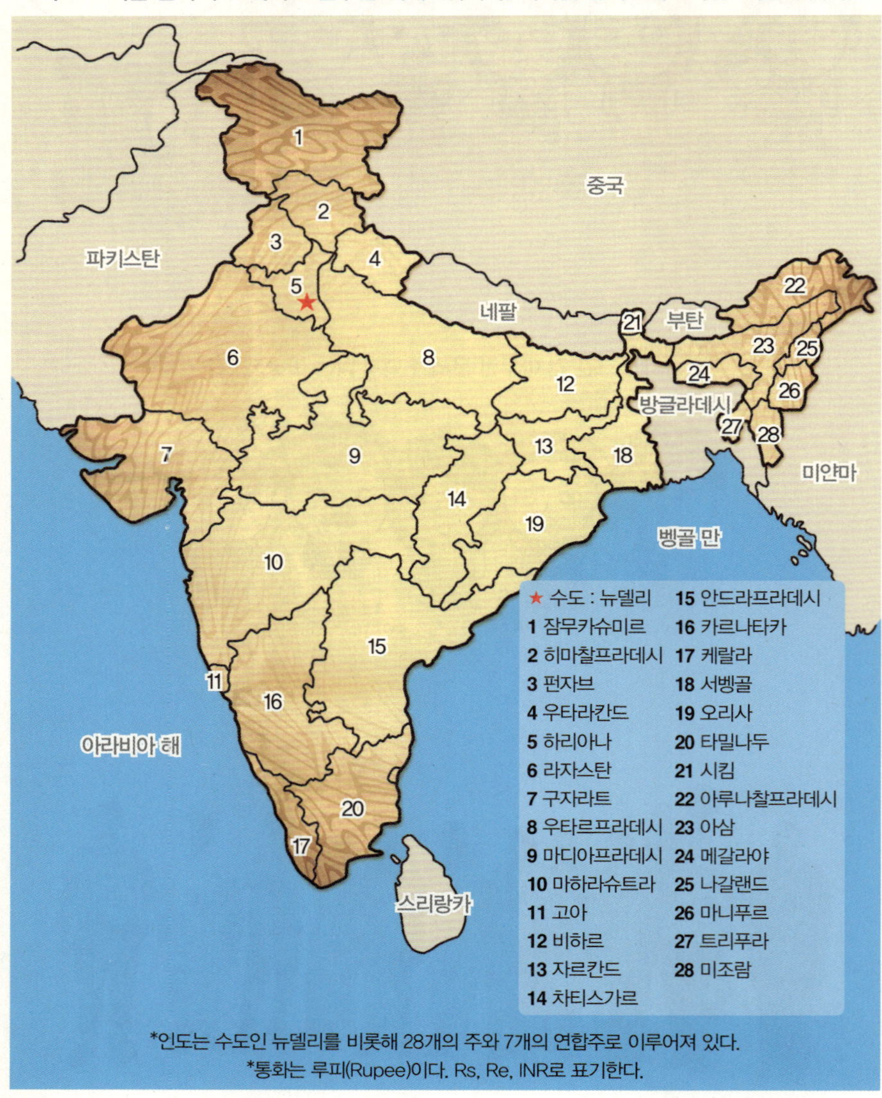

*인도는 수도인 뉴델리를 비롯해 28개의 주와 7개의 연합주로 이루어져 있다.

*통화는 루피(Rupee)이다. Rs, Re, INR로 표기한다.

여행을 오기 전 내가 생각하던 전형적인 인도인은 이런 모습이었다.

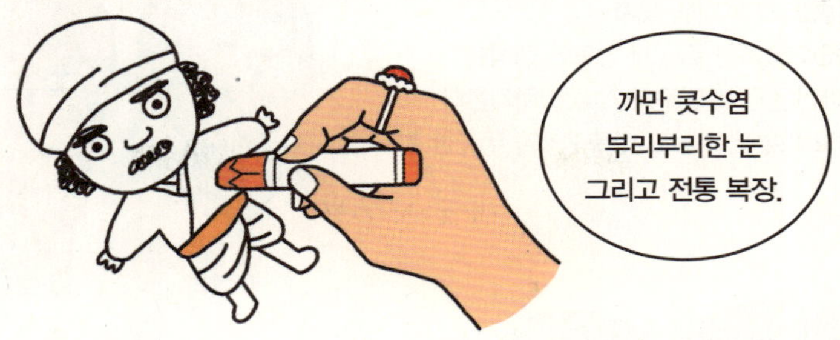

하지만 실제로 만나 본 인도인들은 체형도 모두 다르고
머리카락과 눈동자, 피부색도 제각각이었다.

직업과 종교에 따라 복장도 품새도 달라져서
한 가지 모습으로 인도인을 연상하기가 어려워졌다.

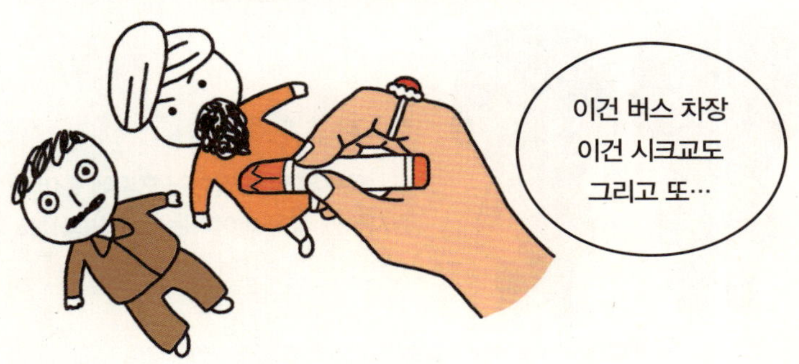

인도의 인종을 크게 나눠 보자.
본래 유목민이었지만 뒤늦게 인도에 정착한
인도아리아인은 전체 인구의 70%를 차지한다.
체격이 좋고 피부색이 밝고 이목구비가 뚜렷한 편이다.

드라비다족

아리아인에 의해 남쪽으로 밀려났지만
오래전부터 인도에서 살아 온 드라비다족은
전체 인구의 25%를 차지한다.
체구가 작고 피부색이 어둡다.

북동부의 시킴, 아삼, 나갈랜드 등에는
나와 똑같이 생긴 몽골로이드가 살고 있다.

인 도 의 소 수 민 족

도시로부터 멀리 떨어진 오지에 흩어져
원시적인 삶을 이어가는 소수 민족들도 있다.

*이밖에도 프로토—오스트랄로이드, 니그리트족, 알파인이 있다.

북동부의 시킴, 아삼, 나갈랜드 등 몇몇 지역은 아이들의 생김새가 우리와 똑같다

남인도 사람들은 북인도에 비해 체격이 작고 피부색이 조금 더 어두운 편이다

그리고 인도인은 아니지만 처한 상황에 의해 인도 땅에 터잡고 살아가는 사람들도 있다.
1950년대 중국의 침공을 피해 인도로 망명 온 달라이 라마와 10만여 명의 티베트인.

네팔 등 근교국에서 일자리를 찾아 인도에 온 사람도 많이 만날 수 있다.

세계 어느 나라가 그렇지 않겠느냐마는 인도 역시 다양한 국가의 역사가 혼재되어 있다.

또한 인도는 도시와 어촌, 농촌, 사막, 밀림, 초원, 산맥 등등 지역마다
각기 다른 나라를 여행하는 기분이 들 정도로 다양한 환경을 만날 수 있다.

다즐링에 갔을 땐 뜻밖의 서늘한 기온에 밤새도록 오들오들 떨어야 했고
한여름의 바라나시는 끈적하고 눅눅한 열대야 때문에 잠을 못 이루기도 했다.

같은 시기에 인도를 여행해도 지역에 따라 겨울옷이 필요한 곳과 여름옷이 필요한 곳이 있다.

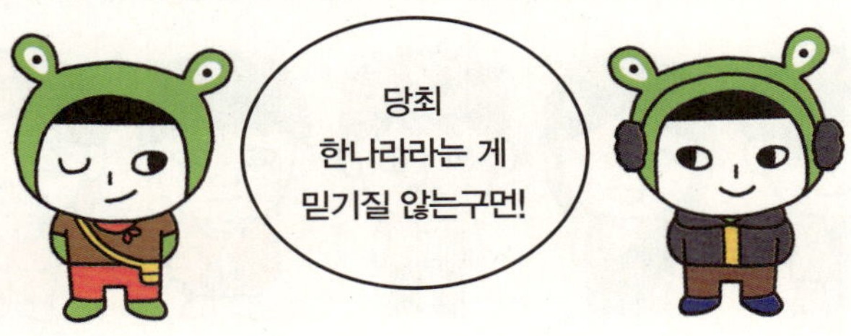

게다가 12억에 달하는 인구수만큼이나 언어 역시 지역별로 확연히 다르다.
인도 정부의 공식적인 언어는 힌디어와 영어이지만, 헌법에서 지정된 22종의 공용어가 있다.

22종의 언어 : 구자라트어, 네팔어, 도그리어, 마니푸르어, 마라티어, 마이틸리어, 말라얄람어, 벵골어, 보도어, 산스크리트어, 산탈리어, 신디어, 아삼어, 오리야어, 우르두어, 카슈미르어, 칸나다어, 콘칸어, 타밀어, 텔루구어, 펀자브어, 힌디어

같은 인도인이어도 출신 지역이 다르면 전혀 말이 안 통하는 경우도 비일비재하다.

인종, 언어, 문화, 종교가 첨예하게 다른 사람들이 모여
결국 지금의 인도라는 나라로 불리게 된 것이다.

남인도의 한 도시에서는 기차역 이름이 세 가지 언어로 쓰여 있고
인도의 지폐 뒷면에는 15종의 각기 다른 언어로 금액이 적혀 있다.

지폐에 적힌 15종의 언어 : 구자라트어, 네팔어, 마라티어, 말라얄람어, 벵골어, 산스크리트어, 아삼어, 오리야어, 우르두어, 카슈미르어, 칸나다어, 콘칸어, 타밀어, 텔루구어, 펀자브어

하루는 타밀나두 주 코다이카날Kodaikanal의 호숫가를 혼자 산책하는데
맞은편에서 한 인도인 가족이 나를 향해 걸어오고 있었다.

나를 발견한 아저씨는 강하게 호기심을 드러냈지만
그의 언어는 힌디어도 영어도 아닌 바로 타밀어였다.

내가 타밀어를 몰랐기 때문에 우리는 당연히 말이 통하지 않았고
아저씨는 못내 아쉬운 듯 자신의 가슴을 팡팡 치며 답답해했다.

그 가족과 헤어지고 다시 길을 가는데 아저씨의 모습이 내내 기억에 남았다.

ஐன்டியன் கோஃபிஹவுஸ்
INDIAN Coffee HOUSE
INDIAN Coffee HOUSE
ஐன்டியன் கோஃபி ஹவுஸ்
INDIAN Coffee HOUSE

LAKE WAY
பேருந்துநிலையம்
BUS STAND
பில்லர்ராக்
கிளாவரை
மன்னவனூர்
பள்ளங்கி
வில்பட்டி
குறிஞ்சிஆண்டவர்கோவில்
NO ENTRY
Kovai Annapoorna

கன்னியாகுமரி
കന്യാകുമാരി
KANNIYAKUMARI

குயிலாப்பாலையம்
KUILAPPALAYAM
இதே ராவில்
AURO VILLE.8

45

탈리로 할까요, 도사로 할까요?

어느 날 콜카타의 칼리사원 근처를 걷다가 어쩐지 음산하고 수상쩍은 식당을 발견했다.

한참을 망설이다 식당에 들어섰는데 주변을 살피던 친구가 소근댔다.

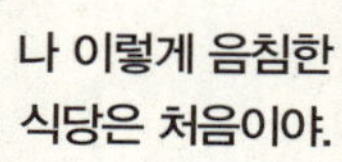

주문한 음식은 바로 나왔다.

놀랍게도 우리는 군말 없이 그릇 밑바닥까지 싹싹 긁어먹었다!

편식도 심하고 입도 짧은 편인 나는 여행 초기에는 거의 과일로만 끼니를 연명했다.
당시만 해도 인도 음식에 대한 이해가 없어서 주문은 항상 모험심과 찍기 수준이었다.

게다가 특유의 자극적인 향신료 때문에 거의 먹지 못하고 남기기 일쑤여서
매번 꿀꿀한 기분으로 식당을 나올 수밖에 없었다.

인도는 종교와 개인의 사상에 따라 소고기와 돼지고기 등 금기시하는 음식이 있다.

또한 채식주의자가 많아서 식단표와 포장지의 식품 표기가 엄격한데
원이 그려진 초록색 기호는 채식이고 빨간색 기호는 육식을 뜻한다.

인도에 찾아온 외국인들은 누구나 한 번쯤 물갈이를 비롯한 배탈을 겪게 된다.
식당에서 주는 물을 마시는 것보다는 마트나 슈퍼에서 생수를 사 먹는 편이 좋다.

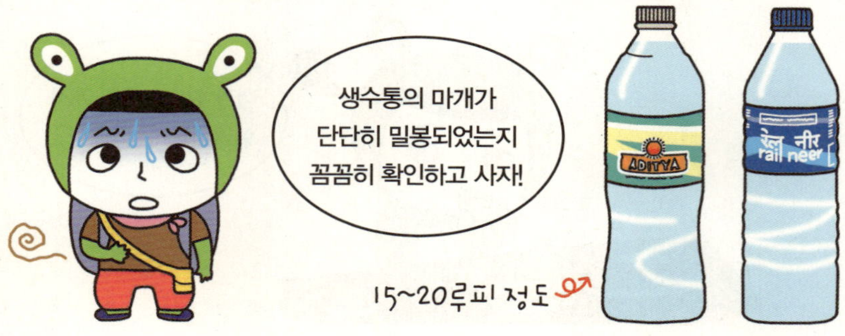

케랄라 주의 어촌인 코치에서 커다란 생선을 두고 벌어진 흥정 한판!

인도의 식당체인점인 '인디안 커피하우스'는 냉커피 맛이 일품이다

दही
मार

인도의 향신료인 마살라^{Masala}는 수십 종 식물의 열매, 씨앗, 잎, 뿌리를 배합한 양념을 말한다.

요리하는 사람과 개인의 취향에 따라 그 비율이 다를 뿐이지
주식, 간식, 짜이 등 거의 모든 음식에 마살라가 들어간다 해도 과언이 아니다.

사족을 붙이자면 여러 장르가 혼합된 인도영화를 마살라영화라고 부르기도 한다.

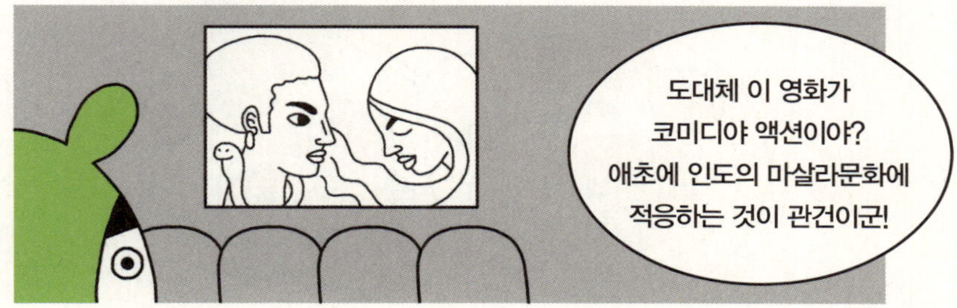

하루는 바라나시의 골목길을 헤매던 중 좁고 작은 식당을 발견했다.

이 식당의 식단은 단 하나였는데 바로 탈리!Thali
인도식 백반인 탈리는 식당 규모에 따라 다르지만
대체로 몇 백 원이면 한 끼 식사를 해결할 수 있다.

탈리는 종업원이 돌아다니면서 계속 음식을 담아주기 때문에
눈치 보지 않고 먹고 싶을 때까지 무한정 먹을 수 있다.

우리가 아는 것처럼 인도인들은 도구를 쓰지 않고 손으로 식사하는데
이때 주의할 점은 식사할 땐 반드시 오른손을 사용해야 한다는 것이다.

왼손은 화장실에서 뒤처리할 때 사용하는 등
오른손과는 그 용도가 전혀 다르기 때문이다.

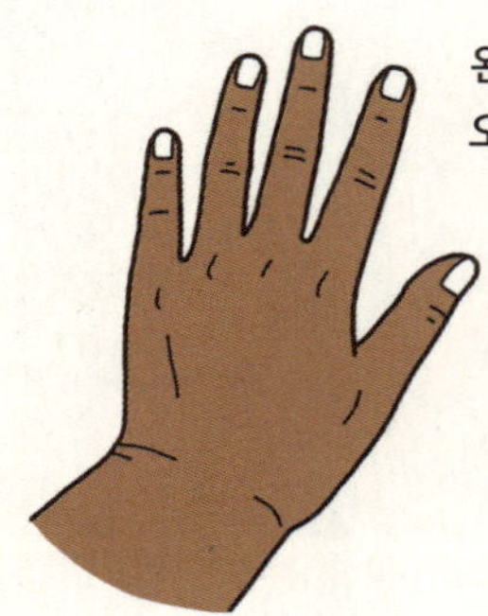

나도 손을 닦고 모처럼 손으로 먹어 볼까 싶었지만
손톱 구석구석 낀 때를 보니 좀처럼 엄두가 나지 않았다.

식당에서 일하는 아이에게
혹시 숟가락이 있는지 물어봤는데
엉뚱하게도 갑자기 목말을 타는 게 아닌가?!

그리고 벽에 붙은 선반에 기어 올라가
한참 동안 꼼지락꼼지락하더니

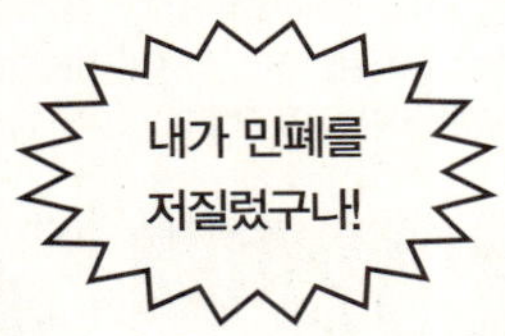

작은 숟가락을 들고 내려와 물에 박박 씻어 내게 건네주었다.
애초에 이 식당에선 좀처럼 숟가락이 쓰일 일이 없었던 것이다.

여행자거리에서 외국인만을 대상으로 영업하는 식당보다는 현지 인도인들로 북적이는 식당이 훨씬 맛있을 확률이 높다.

탈리Thali_ 인도식 백반. 큰 접시를 뜻하는 탈리는 흰 쌀밥과 차파티에 달, 커리, 반찬 등이 곁들여 나온다.

사모사Samosa_ 감자, 양파 등 갖은 야채를 넣고 삼각형 모양으로 빚어 기름에 바삭하게 튀긴 인도식 만두.

초우민Chowmin_ 면과 야채를 기름에 볶은 음식. 취향에 따라 닭고기, 돼지고기, 새우를 넣기도 한다.

푸리Puri_ 동그랗고 얇게 빚은 밀가루 반죽을 기름에 튀겨낸 인도식 빵. 고소하고 쫄깃한 식감이 일품이다.

브리야니Briyani_ 흰 쌀밥에 야채와 마살라를 넣어 볶은 음식. 계란, 닭고기, 돼지고기 등을 넣기도 한다.

도사Dosa_ 쌀가루 반죽을 뜨겁게 달군 팬에 얇게 구운 음식. 속에 감자와 양파 등을 넣어 소스에 찍어 먹는다.

이들리Idli_ 반죽한 쌀가루를 원형의 틀에 넣은 뒤 찜통으로 쪄낸 음식. 코코넛처트니 등 소스에 찍어 먹는다.

탄두리 치킨Tandoori Chicken_ 마살라로 양념한 닭고기를 꼬챙이에 꽂아 화덕(탄두르)에 구워낸 음식.

커리Curry_ 갖가지 향신료에 야채와 고기를 넣어 끓인 수프. 흰 쌀밥, 차파티, 난(밀가루 빵)과 함께 먹는다.

스윗Sweet_ 밀가루와 우유에 시나몬, 샤프란, 설탕 등 향신료를 첨가해 만든 과자. 강렬한 단맛이 특징이다.

한국 음식_ 한국 여행자를 대상으로 한 김치볶음밥, 찌게, 신라면 등을 파는 식당도 성업 중이다.

패스트푸드점 & 기타_ 피자, 햄버거, 스파게티, 일식, 중식 등 한국인에게 익숙한 음식도 접할 수 있다.

그렇게 하루하루 여행이 계속될수록 내 입맛에 맞는 인도 음식의 범위도 조금씩 넓어졌다.

음식을 둘러싼 공간과 시간이 함께 기억되는 재미있는 경험.
행복한 미식은 여행의 질을 크게 좌우한다는 중요한 사실을 깨달았다!

배낭의 무게는 전생의 업보?

어느 날 뉴델리로 향하는 기차를 탔는데 한 프랑스인 배낭여행자와 마주앉게 되었다.

그녀의 배낭에는 웬 꼬질꼬질한 인형이 소중히 매달려 있었는데
아무리 취향이라 해도 처음엔 도저히 이해할 수 없었다.

그녀의 소중한 인형을 보니 문득 여행자의 소지품에 대해 의문이 생겼다.

여행자들은 저마다 다양한 크기의 배낭을 메고 다니는데 그 크기는 그야말로 천차만별이다.

무거운 배낭을 메고 인도의 뙤약볕을 걷다 보면 어느 땐 그 말이 사실처럼 느껴진다.

뭐 하나라도 빠졌을까 바리바리 짊어지고 갔던 물건들은
인도에 도착하자마자 부담스러운 애물단지가 되어버렸다.

결국, 몇 개의 물건들은
한 버스터미널의 쓰레기통에
미련없이 던져 버렸다.

자신이 감당할 수 없는 무게와 욕심에 의미를 두지 않는 건
배낭여행에서 배우는 인생의 지혜 중 하나가 아닐까 싶다.

여행자에게 있어서 배낭이란 자신의 정체성이나 마찬가지인지도 모르겠다.

필요한 물품이 배낭 하나에 깔끔하게 정리되는 걸 보면 놀랍기도 하고
떠나기 전 여행지에 대한 정보를 나름대로 철저히 예측하고 준비하면서

꿈꾸던 것에서 벗어난 실질적인 성취를 향한 의지를 엿볼 수 있기 때문이다.

친구들을 만날 때마다 그 나라의 국기를 가방에 붙였고
여행이 끝날 무렵엔 세상에 단 하나밖에 없는 배낭이 완성!

이쯤되니 다른 이들의 배낭에는 어떤 물건이 있는지 슬슬 궁금해졌다.

어느 여행자는 두꺼운 동화책과
큐브 등 여러 장난감을 꺼냈고

또 어느 여행자의 배낭에서는
마스크팩과 예쁜 옷이 나왔다.

누군가는 밤에 기차 안에서 책을 읽기 위해 헤드랜턴을 가져왔고
숙소에서 아침마다 커피를 끓여 마실 커피포트를 들고 다니기도 했다.

그러던 어느 날, 나는 숙소에 앉아 꼭 필요한 물건이 아니면 몽땅 버리기로 마음먹었다.

아무리 배낭이 무거워도 결코 버릴 수 없는 소중한 물건이 내게도 있었다.
그러자 문득, 전에 기차 안에서 봤던 프랑스 여행자의 낡은 인형이 생각났다.

여행준비물, 무엇이 필요할까?

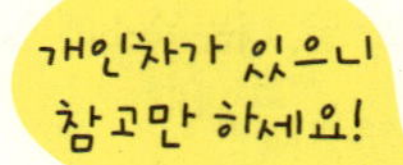

여권	인도에서 나의 신분과 국적을 증명해줄 신분증. 배낭에 따로 두지 말고 복대나 보조가방에 넣어 항상 소지하고 다니는 편이 좋다. 기차표를 예매할 때도 여권을 직원에게 보여줘야 한다.
비자	인도 정부로부터 발급받은 출입 허가증. 한가지 주의할 점은 비자의 유효기간은 발급일부터 이므로 비자 받을 시기를 잘 계산해야 한다. (인도비자접수센터 http://www.blsindiavisa.kr)
항공권	여러 예약 사이트를 열심히 비교하고 검색할수록 저렴한 항공권을 획득할 확률이 높아진다.
현금, 카드	경비를 US달러로 바꾸고(100달러 단위) 인도에서 루피로 환전하는 것과, 국제현금카드를 준비해 ATM에서 필요할 때마다 인출하는 방법이 있다. 인도의 모든 매표소, 상점, 식당, 릭샤왈라들은 잔돈이 부족한 경우가 허다하므로 10루피, 100루피짜리 소액권 지폐는 항상 넉넉히 갖고 다니는 편이 좋다. 고액권 지폐는 은행에서 소액권으로 바꿔준다. 인도인들은 찢어진 지폐는 받지 않는 경우가 많은데 은행에 가져가면 멀쩡한 지폐로 바꿀 수 있다.
배낭, 보조가방	필요할 것 같다는 이유로 이것저것 짐을 늘리면 인도에서 몹시 괴로워진다. 감당할 수 있는 크기와 무게를 신중히 고려한다. 이동 시에 커버를 씌워 두면 배낭이 더러워지는 걸 방지할 수 있고 지퍼를 쉽게 열어볼 수 없어 도난방지에도 도움이 된다.
복대	여권, 현금, 카드 등 중요한 물건은 복대에 넣어 항상 몸에서 떼어놓지 않는다.
여권·비자 사본, 증명사진	혹시라도 여권이 분실되는 막막한 상황을 대비해 사본을 여러 장 준비한다. 배낭과 보조가방 곳곳에 분포시켜 두는 게 좋다. 인도에서 휴대폰을 개통할 때도 사본을 제출해야 한다.
가이드북, 책	인도가 워낙 넓으므로 여행할 지역만 따로 분권해서 들고 다니기도 한다. 무료한 시간을 달래줄 소설책은 다 읽은 뒤 다른 여행자들과 바꿔 읽는 소소한 재미도 있다.

세면도구, 화장품	샴푸, 비누, 폼클렌징, 칫솔, 치약 등 기본적인 세면도구는 마트나 슈퍼에서 쉽게 구할 수 있다. 백화점에는 화장품 브랜드도 즐비하다. 참고로 초록색 때밀이는 탁월한 선택이었다.
지퍼백	젖은 옷이나 수건, 과일 등을 넣어둘 때 제법 유용하다.
우산, 손목시계	어느 여자 여행자는 장거리버스를 타고 이동하던 중 허허벌판에서 부득이하게 실례를 해야 했을 때 접이식 우산이 꽤 좋은 가림막이 되었다고. 배낭여행은 창의력을 키운다!
신발, 모자	편한 운동화와 슬리퍼를 한 켤레씩 준비하는 게 좋다. 햇빛을 가리기 위한 모자도 필수.
옷	인도는 대체로 더운 날씨지만 지역에 따라 바람막이가 될 얇은 점퍼와 긴 옷이 필요한 경우도 있다. 인도는 보수적인 나라이다. 대도시는 어느 정도 괜찮지만, 시골로 내려갈수록 여자 여행자의 반바지와 민소매 차림은 현지인들에게 위화감을 줄 수 있다.
비상약	반창고, 연고, 소화제, 감기약, 멀미약, 지사제 등. 약국에서 쉽게 구할 수 있지만, 혹시 모르니 적당량 챙겨 간다. 여행할 도시에 따라 말라리아 예방접종이 필요한 곳도 있고 장마가 끝난 직후엔 모기를 통해 감염되는 뎅기열을 주의해야 한다.
침낭	기차 침대칸, 슬리퍼 버스, 숙소에서 추위, 먼지, 벼룩으로부터 내 몸을 안전하게 보호할 수 있다. 가볍고 부피도 적은 초경량 침낭도 있다.
자물쇠	기차에서 좌석과 배낭을 묶어놓거나 지퍼에 번호 열쇠를 달아 잠근다.
휴지, 여성용품	마트나 슈퍼에서 쉽게 구할 수 있으므로 바리바리 들고 오지 않아도 된다.
전자제품	한국에서 쓰던 스마트폰은 인도에서 심카드를 교체하고 인도 번호를 발급받을 수 있다.

기차와 달콤한 짜이 한 잔

짜이^{Chai}는 홍차, 우유, 설탕에 계피, 생강, 후추 등의 향신료를 넣어 끓인 인도식 밀크티이다.

인도 어딜 가나 쉽게 접할 수 있는 대중 음료인데 카페인이 많고 달콤한 맛이 난다.
하루는 노점에서 짜이를 시켰더니 짜이왈라의 아들로 보이는 어린 소년이 짜이를 가져다줬다.

왈라 : ～하는 사람이라는 뜻의 왈라는 직업을 지칭할 때 쓰인다.
짜이왈라, 릭샤왈라 등. 즉 짜이왈라는 짜이를 파는 사람이란 뜻이다.

그런데 얼마나 조심성 없이 걸어왔는지 접시에 짜이가 흥건한 게 아닌가!

잔뜩 불만이 생긴 나는 옆에서 짜이를 마시던 다른 손님들은 어떤지 흘끔 쳐다봤다.
한 아저씨가 일부러 접시에 뜨거운 짜이를 부은 뒤 후후 식혀서 마시고 있었다.

애초에 꼬마와 손님들에게는 접시에 차가 흘리는 건 심각한 일이 아니었던 것이다.

짜이는 식당, 노점, 기차 등 장소에 따라 다양한 잔에 담겨 나온다.

뭐니뭐니해도 가장 운치있는 건 이른 새벽에 기차에서 마시는 따끈한 차 한잔이다.
북인도의 기차에서는 주로 짜이를 팔고, 남인도로 내려갈수록 커피를 파는 기차가 많다.

인도는 도시를 이동할 때 기차를 자주 타게 되는데 요금에 따라 여러 등급이 있다.
배낭여행자는 슬리퍼클래스(SL)를 많이 이용하는데 에어컨이 없는 침대칸 열차이다.

*낮에는 중간 의자를 접어두었다가 밤에는 중간 의자를 펴서 침대로 사용한다.

기차에 타자마자 가장 먼저 해야 할 일은 배낭을 좌석에 단단히 묶어두는 것.
이때 기차 안을 누비던 바퀴벌레나 생쥐와 눈이 마주쳐도 너무 놀라지는 말자.

안전하게 짐을 묶었으면 자리에 앉아 통로를 오가는 사람들을 구경한다.

시간을 흘려보내기 위해 읽은 책을 한 번 더 읽기도 하고
더는 잠이 오지 않을 때까지 늘어지게 낮잠도 잔다.

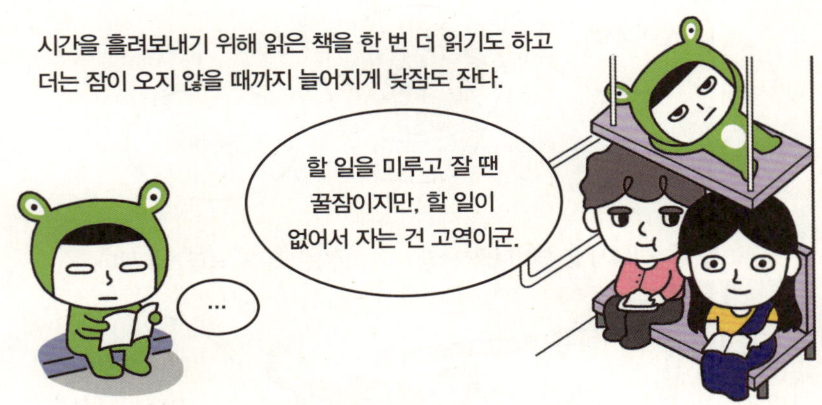

인도 기차는 따로 안내방송이 없으므로 기차표에 적힌 도착 시각이
가까워지면 주변의 인도인들에게 수시로 정차역을 확인해야 한다.

*인도의 기차 연착은 악명 높다. 특히 겨울엔 안개가 짙어서 하루, 이틀이 넘어가는 일도 예사라고 한다.
여름(3월~9월)에 인도를 여행했던 나는 운 좋게도 거의 연착이 없었고 항상 정시에 도착하는 편이었다.

좀이 쑤셔서 머리를 쥐어뜯을 무렵 마침 짜이를 파는 아저씨가 다가온다.

그렇게 바라나시 행 슬리퍼클래스에서의 하루는 오늘도 느리게 흐른다.

인도 기차, 이것은 알고 가자

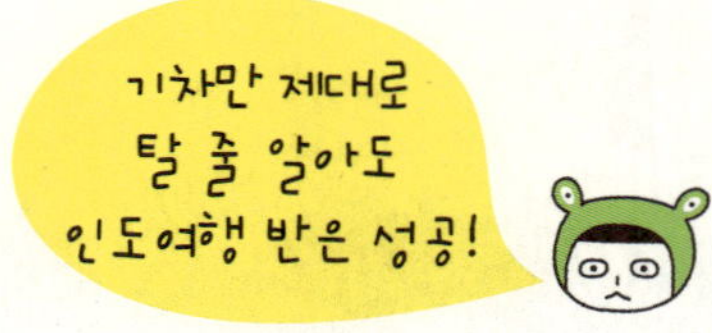

기차표 보는 방법

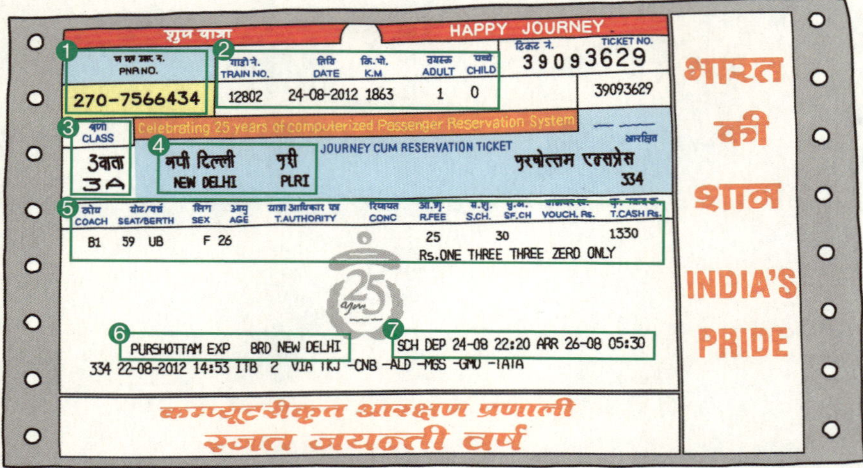

❶ 기차 예약 번호(PNR NO) : 예약된 표의 기차 번호, 기차 이름, 출발역, 도착역, 좌석 등을 조회할 수 있다.

❷ 기차 번호(TRAIN NO), 출발 날짜(DATE), 거리(KM), 인원수(ADULT/CHILD)

❸ 좌석 등급(CLASS) : 가격에 따라 크게 1A, 2A, 3A, SL, CC, 2S로 나뉜다. 그림에 표시된 3A는 에어컨 있는 침대칸인데 같은 구간의 SL에 비해 3배 이상 비싸다. SL은 배낭여행자들이 가장 많이 이용하는 등급으로 선풍기가 달린 침대칸이다.

❹ 도착역과 출발역 : 수도인 뉴델리(NEW DELHI)에서 동부 어촌인 푸리(PURI)까지 간다고 적혀 있다. 이 경우엔 뉴델리 역에서 기차를 타면 되지만, 사실 뉴델리에는 뉴델리/올드델리/니자무딘 등 여러 기차역이 있다. 다른 도시도 기차역이 여러 곳인 경우가 있기 때문에 표를 예매한 뒤 출발역을 반드시 확인해야 한다.

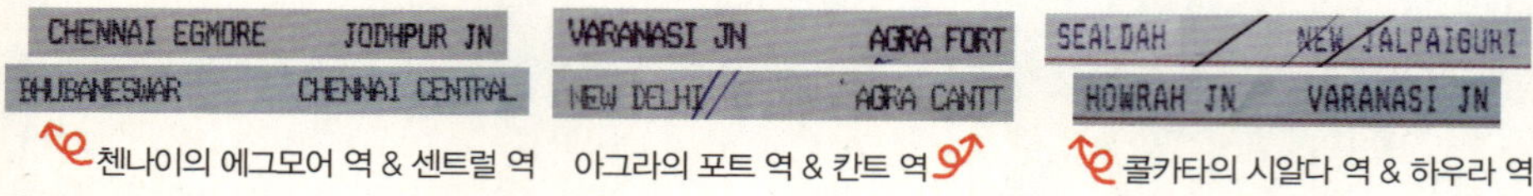

챈나이의 에그모어 역 & 센트럴 역   아그라의 포트 역 & 칸트 역   콜카타의 시알다 역 & 하우라 역

❺ 객차(COACH), 좌석(SEAT/BERTH), 성별과 나이(SEX/AGE), 기차표 가격(T.CASH Rs)

❻ 기차 이름 : PURSHOTTAM EXP라고 적혀 있다.

❼ 출발 시각(DEP)과 도착 예정 시각(ARR) : 8월 24일 22:20에 출발해서 8월 26일 05:30에 도착한다.

기차표 예매 전 준비 사항

한국의 33배 국토 면적을 가진 인도는 거의 모든 도시가 철도로 촘촘히 연결되어 있다.
기차표를 예매하려면 일단 가장 먼저 출발지, 도착지, 등급, 날짜, 시간, 좌석을 파악해야 한다.

예전엔 예매 창구에서 직원에게 문의하거나 인도 철도청에서 발행된 타임테이블을 봤다.

*인도의 모든 기차 노선이 적힌 타임테이블은 역내 가판대에서 살 수 있고 매년 7월에 전면 개정된다.

하지만 요즘은 스마트폰과 인터넷을 이용해 손쉽게 필요한 정보를 얻을 수 있다.

수도인 뉴델리에서 힌두교 성지인 바라나시까지 운행하는 기차를 찾아보자.

출발지	뉴델리(NEW DELHI)
도착지	바라나시(VARANASI)
좌석 등급	슬리퍼클래스(SLEEPER CLASS)

기차 어플, 철도청 사이트(http://www.indianrail.gov.in)에서 검색하면 이런 식으로 결과가 나온다.

Train No 기차 번호	Train Name 기차 이름	Origin 출발역	Dep.Time 출발 시각	Destination 도착역	Arr.Time 도착 시각	Travel Time 소요시간	Days Of Run 운행 요일 M T W T F S S
12876	NEELACHAL EXP	NEW DELHI	06:30	VARANASI JN	20:00	13:30	N Y N N N Y N Y
14258	KASHI V EXPRESS	NEW DELHI	11:40	VARANASI JN	04:45	17:05	Y Y Y Y Y Y Y
12392	SHRAMJEVI N EXP	NEW DELHI	13:15	VARANASI JN	02:25	17:05	Y Y Y Y Y Y Y

기차 번호(Train No)

기차 이름(Train Name)

출발역(Origin) : 한 도시에 기차역이 여러 곳인 경우, 목적지에 따라 출발역이 다를 수 있다.

출발 시각(Dep.Time) : 인도는 도시 간 이동시간이 많이 소요되기 때문에 밤 기차를 이용하는 것도 방법이다.

도착역(Destination) : 도착역은 그 도시에 막 도착했을 때 지도상에서 내 위치를 가늠하는 척도가 된다.

도착 시각(Arr.Time) : 이른 새벽이나 오전 중에 도착하는 게 좋다. 낯선 도시에 밤늦게 도착하는 건 위험하다.

소요시간(Travel Time) : 기차 종류와 정차역에 따라 소요시간이 달라진다.

운행 요일(Days Of Run) : Y는 해당 요일에 운행한다는 뜻이고 N은 그날 운행하지 않는다는 뜻이다.

그중 내 일정에 맞는 기차를 선택하면 예약 가능한 좌석 현황을 실시간으로 알 수 있다.

Train Number	Train Name	Date	Source Station	Destination Station	Quota Code
14258	KASHI V EXPRESS	25-06-2013	NEW DELHI	VARANASI JN	GENERAL

선택한 기차

Class - SL	Class - 3A
AVAILABLE 95	RAC 5 / WL 2

좌석 현황

AVAILABLE : 지금 당장 예약 가능한 좌석 수

RAC : 좌석은 있지만 침대가 아직 준비되지 않은 경우

WL : 대기자 수

*좌석이 없어도 표를 구입하면 대기자 명단(WL)에 오르고 앞에서 취소표가 생길수록 대기 번호가 줄어든다. WL은 기차가 출발하기 직전까지 몇 시간 단위로 갱신된다. 빨간색 표를 보면 알 수 있듯 SL과 3A의 등급에 따라 남아 있는 좌석 수가 다르다.

기차표 예매하기

기차를 정했으면 여권, 현금, 볼펜을 들고 기차역으로 가서 예약서를 작성한다.
역에 따라 외국인의 예약서 양식은 조금씩 다르지만, 기본적으로 적어야 할 내용은 이렇다.

REQUISITION FOR RESERVATION / CANCELLATION FOR THE USE OF FOREIGN TOURIST

❶ Train No & Name `14258` **❷** Date of Journey `25. 06. 2013`

❸ Class `SL` **❹** No of Berth/Seat `UP`

❺ Station from `NEW DELHI` Station to `VARANASI JN`

S. NO	❻ Name in Block Letters (Not More than 15 letters)	❼ Sex (M/F)	Age	Passport No	Nationality	❽ Choice of berth (L/M/U/SL/SU)
1.	PARK HYE KYOUNG	F	28	AB1234567	KOREA	UP
2.						
3.						
4.						
5.						

Name of the Applicant ________________ Date of Arrival in India ________________

Full Address ____

Tel.No ________________ Date ________________

Signature of the Applicant ________________

---

❶ 기차 번호 & 기차 이름(Train No & Name)

❷ 출발 날짜(Date of Journey)

❸ 좌석 등급(Class) : 1A(First AC) : 출입문과 에어컨이 있는 독립된 객실(2~4인)
2A(Second AC) : 커튼으로 공간이 나뉘고 에어컨이 있는 침대칸(4인)
3A(AC Economy) : 에어컨이 있는 침대칸(6인)
SL(Sleeper Class) : 천장에 선풍기가 달린 침대칸(6인)
CC(AC Chair Car) : 에어컨이 있는 좌석칸
2S(Second Seating) : 에어컨이 없는 좌석칸

❹ 좌석 번호(No of Berths/Seats) : 아래(L), 중간(M), 위(U), 복도쪽 아래(SL), 복도쪽 위(SU) 중에서 선택.

❺ 출발역(Station from), 도착역(Station To)

❻ 예약자 이름(Name) : 여권에 적힌 이름과 동일하게 적는다. 예약서 한 장에 여러 사람을 적을 수 있다.

❼ 성별(Sex), 나이(Age), 여권 번호(Passport No), 국적(Nationality)

❽ 좌석 선택(Choice of Berth) : 위의 4번과 동일하게 적는다.

*기차 번호와 기차 이름을 몰라도 출발지, 목적지, 날짜, 좌석 등급만 적으면 창구 직원이 검색해서 알려준다.

*기차식이 제공되는 좌석 등급(라즈다니, 사답띠)은 채식/비 채식(Veg/Non Veg)을 선택할 수 있다.

*표를 취소 및 환불받고자 할 경우, 예약서와 같은 용지에 취소할 내용을 적고(1번~8번까지) 기차표와 제출한다.

*인도의 기차 예매 창구는 항상 잔돈이 부족하기 때문에 소액권 지폐와 동전을 넉넉히 준비해야 한다.

*타 도시에서 타 도시로 이동하는 기차표도 예매할 수 있다(자이푸르→자이살메르, 바라나시→콜카타 등).

작성한 예약서를 여권과 함께 직원에게 건네면 그는 컴퓨터로 남아있는 좌석을 검색한다.
다행히 빈자리가 있을 땐 곧바로 요금을 지불한 뒤 기차표를 받으면 아주 순조롭게 끝!

인기 구간은 축제와 성수기가 겹치면 인파가 몰려서 표를 구하는 일이 굉장히 어려워진다.
여행 기간이 짧고 경로가 분명하다면 한국에서 기차표를 예매해 출력해 가는 것도 방법이다.

Class – SL	Class – 3A
WL 187	NOT AVAILABLE

*인도 철도청 사이트(http://www.indianrail.gov.in)와 클리어트립(www.cleartrip.com)에서
신용카드로 결제한 뒤, 메일로 전송된 기차표를 출력해 현지에서 사용하면 된다.

직원이 다소 안타깝다는 표정으로 표가 없다는 청천벽력 같은 소식을 전할 때도 있지만
우리에겐 머리를 굴려 시도할 만한 여러 가지 방법이 있기 때문에 아직 낙심하긴 이르다.

❶ 자리가 없어도 표를 사서 웨이팅리스트(WL)에 올려 둔다. SL의 30명 정도는 이틀 안에 풀릴 확률이 높다.
❷ 일정이 급하지 않다면 출발 날짜를 며칠 뒤로 미룬다. 아직 예약되지 않은 표가 많이 남아 있을 수 있다.
❸ 1A 〉2A 〉3A 〉SL 〉CC 〉2S의 순으로 가격이 비싸진다. 높은 좌석 등급은 자리가 남아 있을 확률이 있다.
❹ 기차도 이동 수단의 하나일 뿐. 버스를 타거나 목적지가 같은 여행자 여러 명이 택시를 빌리기도 한다.
❺ 외국인 여행자 쿼터나 따깔 쿼터를 예매한다.

외국인 여행자 쿼터와 따깔 쿼터

앞서 말한 5번의 따깔 쿼터는 굉장히 유용한 제도이다. 사람들이 보통 끊는 표가 일반 쿼터라면 외국인 여행자 쿼터와 따깔 쿼터는 표가 급한 사람들을 위해 그 기차에 할당된 빈 좌석이다.

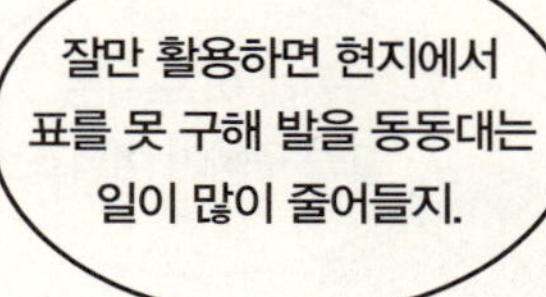

일반 쿼터(General Quota) : 인도인과 외국인이 현지에서 일반적으로 끊는 기차표
외국인 여행자 쿼터(Foreign Tourist Quota) : 외국인 여행자를 대상으로 소수로 할당된 기차표.
따깔 쿼터(Tatkal Quota) : 표가 급한 인도인은 물론이고 외국인도 끊을 수 있는 기차표.
　　　　　　　　　　　인도인의 경우엔 신분증 사본이, 외국인의 경우엔 여권 사본과 비자 사본이 필요하다.
*기차 어플이나 철도청 사이트에서도 외국인 여행자 쿼터와 따깔 쿼터의 빈 좌석을 검색할 수 있다.

따깔 쿼터는 일반 쿼터와는 달리 출발하기 딱 하루 전날에만 예매할 수 있다.
기차역 예매 창구가 문을 여는 시각(아침 8시)부터 선착순으로 접수를 받는다.

직원이 잘 볼 수 있도록 예약서에
따깔 쿼터(Tatkal Quota)를 크게 기재하고
여권, 여권 사본, 비자 사본을 함께 제출한다

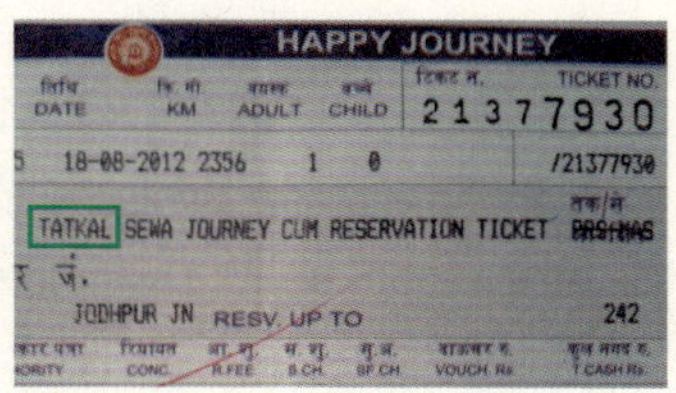

기차표에 따깔(TATKAL)이
표시되어 있다

인도의 기차 체계가 낯선 외국인에게 창구 직원은 때로 정확하고 효과적인 도움을 준다. 하루는 뉴잘패구리라는 도시에서 바라나시로 가는 기차가 없어서 몹시 난감해하고 있었다.

실의에 빠진 나를 지켜보던 그는 묵묵히 제안했다.

나는 직원의 말에 따라 일단 뉴잘패구리에서 무갈 사라이까지 가는 기차표를 샀다.
좌석 등급은 3A였고 이 기차 역시 표가 매진돼 웨이팅리스트(WL)에 올려놓았다.

기차역 근처 식당에서 맛있게 저녁을 먹으면서도 내심 걱정스러웠다.

7시에 다시 창구에 찾아가니 나를 알아본 직원은 씩 웃으며 객차 번호와 좌석 번호를 적어줬고
다음날 무갈 사라이 역에 도착해 다른 여행자들과 오토릭샤를 타고 바라나시에 무사히 도착했다.

기차 타는 방법

출발 시각보다 1시간 일찍 역에 도착해 전광판을 보고 내가 탈 기차의 플랫폼 번호를 확인한다.
기차가 연착되거나 플랫폼 번호가 바뀔 수도 있으니 방송에도 호시탐탐 귀를 기울인다.

기차 번호 (Train No)	기차 이름 (Train Name)	출발 시각 (Exp.Time)	플랫폼 번호 (PF No)
12414	JAMMU AII EXP	04:25	7
18238	CHHATISGARH EXP	04:40	4
12138	PUNJAB MAIL	05:15	18
12312	KALKA MAIL	05:48	11

플랫폼 번호를 따라 사람들에게 물어물어 기차를 찾았으면 이번엔 내가 탈 객차를 찾는다.
늘어선 객차마다 번호가 붙어 있으니 내 기차표의 객차 번호(COACH)를 보고 찾으면 된다.

객차 출입문마다 예약자 명단이 붙여져 있으므로
내 이름과 좌석 번호를 확인한 뒤 탑승하면 끝!

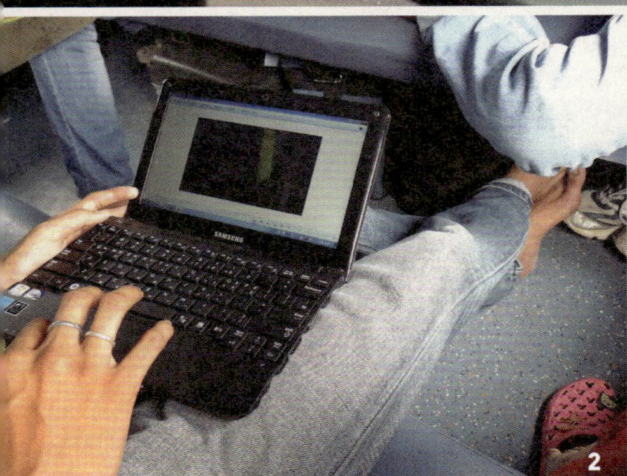

1 배낭 여행자들이 가장 많이 이용하는 기차 등급인 SL은 창문이 쇠창살로 되어 있어서 바깥의 소음이 고스란히 들린다. 2 옆자리의 인도인과 통성명을 하고 소소한 시간을 보내는 건 기차 여행의 묘미 중 하나. 3 SL보다 한 단계 높은 3A는 창문이 강화유리로 되어 있고 충전용 콘센트가 설치되어 있다.

사설 여행사

기차역까지 가지 않아도 여행자거리에 즐비한 사설 여행사를 통해 기차표를 구입할 수 있다.
대체로 100루피 정도 수수료를 받지만 간혹 수십 배의 바가지를 씌우는 곳도 있으니 조심하자.

기차역 내 편의시설

클락 룸(CLOAK ROOM) : 기차역 내 배낭을 맡길 수 있는 곳. 배낭을 맡기기 전 꼼꼼히 자물쇠를 채우자. 직원이
기차표와 짐을 확인한 후 종이에 뭔가를 적어주는데 짐을 되찾을 때 꼭 필요하므로 절
대로 잃어버리면 안 된다.
대기실(WAITING ROOM) : 좌석 등급에 따라 공간이 나뉘어 있고 여성 전용과 샤워시설이 있는 곳도 있다.
리타이어링 룸(RETIRING ROOM) : 기차역 내 숙소. 예약된 기차표가 있어야 이용할 수 있다.

포터 & 쿨리

기차역에 가면 붉은 셔츠를 입고 팔에 금빛 완장을 단 남자들이 여럿 모여 있는 걸 볼 수 있다.
이들은 포터나 쿨리라고 불리는 짐꾼인데 수고비를 받고 승객들의 짐을 옮겨주는 일을 한다.

여행자의 치장법

카르나타카 주의 함피Hampi라는 작은 마을에서 한 동양 여자가 지나가는 걸 발견했다.

그녀는 일본인이었는데
40도를 웃도는 무더운 날씨에도 불구하고
경악할 정도로 완벽한 화장을 하고 있었다.

인도여행을 하다 보면 자신의 개성을 한껏 드러낸 세계 각국의 여행자들을 볼 수 있다.

인도의 전통복을 입고 맨발로 다니는 사람부터
청바지와 티셔츠에 운동화를 신고 다니는 사람까지.

당연한 얘기지만 같은 인도를 여행해도 사람마다 취향은 천차만별이다.

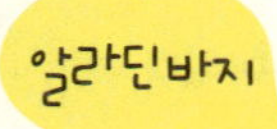

처음 인도에 도착한 후 기분도 낼 겸 알라딘바지를 샀다.
원색적이고 다양한 무늬에 통이 넓어 활동성이 좋다.

하지만 알라딘바지에는 치명적인 단점이 있는데 빨래할 때마다 물이 빠지는 게 아닌가!

결국 다른 옷까지 얼룩덜룩하게 물드는 바람에 빨래가 엉망이 되곤 했다.

인도에서 가장 간편하게 빨래하는 방법!
일단 마트나 슈퍼에 가서 일회용 세제를 산다.

그리고 숙소로 돌아와 양동이에 물을 담아
옷과 세제를 한 시간쯤 함께 담가 둔다.

시간이 되면 담가 뒀던 빨래를 꺼내
밟고 헹구고 탈탈 털어서 널면 끝!

하루는 뉴델리의 여행자거리인 빠하르 간지Pahar Ganj를 걷다가
호기심 반 심심풀이 반으로 헤나에 도전해 보기로 했다.

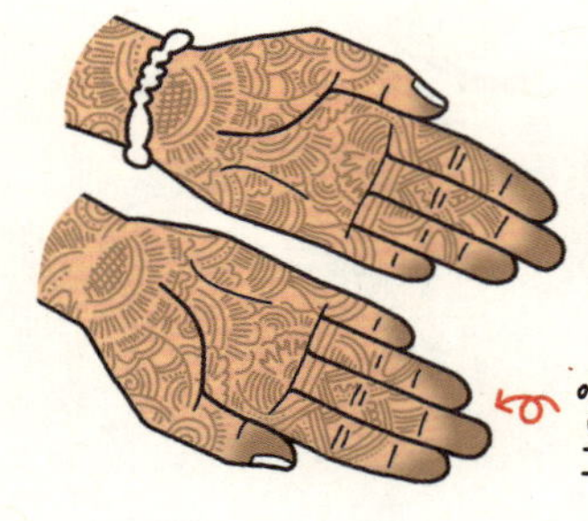

가끔 인도 여자들의 손에
화려한 문양이 그려져 있는 걸 볼 수 있는데
이것은 헤나라 부르는 일회성 문신이다.

일주일 정도 지속되다가
그 후 서서히 옅어진다

아저씨는 시안을 보여주며 계속해서 크고 비싼 그림만을 권유했다.
하지만 내가 비교적 작고 싼 그림으로 결정하자 왠지 표정에 불만이 가득했다.

90

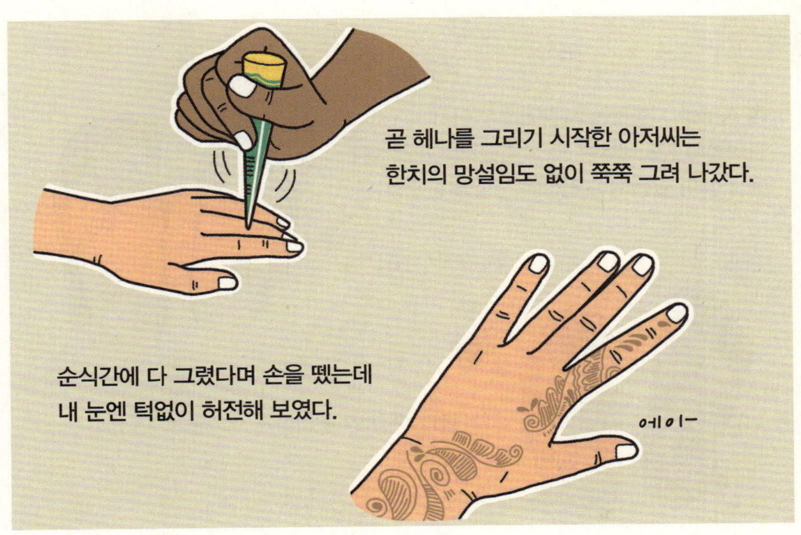

*헤나는 흥정에 따라 금액이 천차만별이다. 그림의 크기에 따라 다르지만, 몇십~몇백 루피까지 부른다.
여행자거리에서 하는 조그마한 크기의 헤나는 값이 100루피를 넘지 않는 편이다.

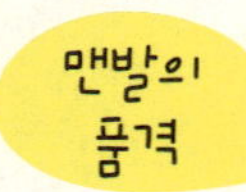

흰 피부를 지향하는 사람에게 있어서
한여름의 인도여행은 꽤 고역일지도 모르겠다.
예를 들어 발등이 드러나는 신발을 신으면

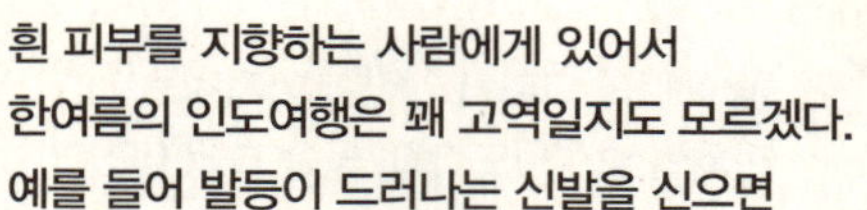

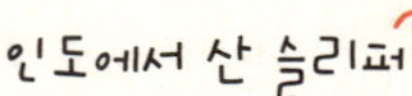

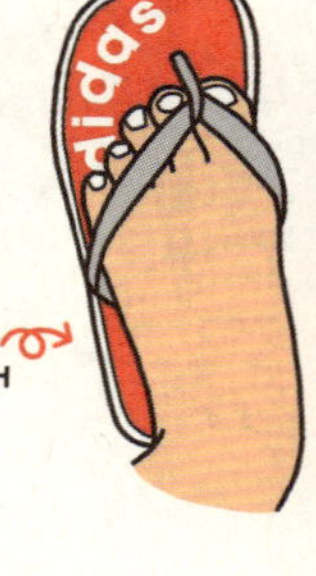

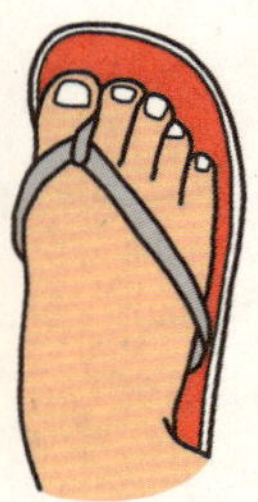

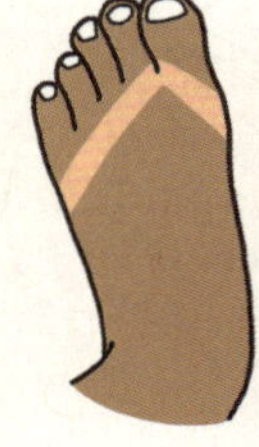

불과 며칠 만에 이렇게 새카맣게 된다.

언제 어디서 다쳤는지도 모를 크고 작은
잔 상처가 발견되는 일도 비일비재하다.

인도에 막 도착했을 때와 여행이 끝나갈 무렵의 사진을 비교하면 그 차이는 더욱 확연해진다.

시장에 가면 앞이 뾰족한 알라딘신발을 종종 구경할 수 있지만
실제로 일상에서 그런 신발을 신고 다니는 인도인은 찾아보기 힘들다.

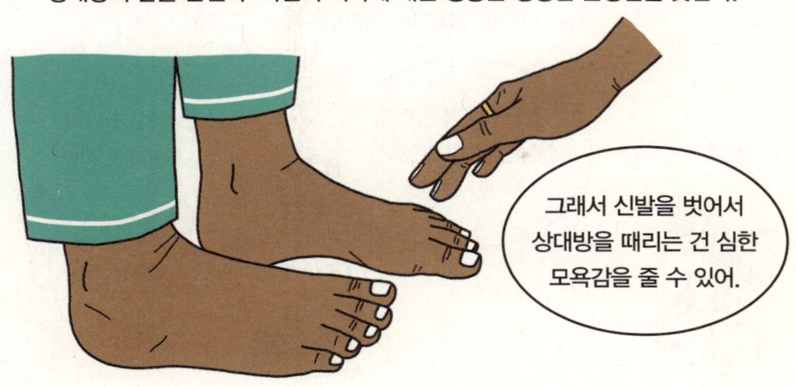

인도인은 신체 중 발을 가장 천시한다. 몸을 굽혀서 오른손으로
상대방의 발을 만진 후 자신의 이마에 대는 행동은 굉장한 존경심을 뜻한다.

그러던 어느 날,
콜카타Kolkata의 한 신발가게에서
유치하고 강렬한 신발을 발견했다.

그 신발을 신고 콜카타의 여행자거리 서더 스트리트Sudder Street를 어슬렁거리다가
노점 식당에서 밥을 먹고 있던 대만과 프랑스에서 온 여행자를 만났다.

그들은 내게 다짜고짜 일본어로 말을 걸었다.

이틀 뒤 바라나시로 이동했는데 아침에 식당에 가니 어디서 많이 본 외국인이 있었다.
그런데 그녀가 내 신발을 흘끔 보더니 대뜸 친구에게 소곤소곤 귓속말을 하는 게 아닌가.

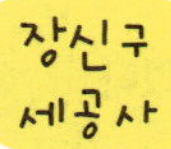

푸쉬카르Pushkar의 한 보석 상점에서 예쁜 반지를 발견했다.

그러자 주인아저씨가 손가락에 딱 맞게 반지 크기를 줄여주겠다고 했다.

반지 세공이라니 재미있는 구경거리가 생겼다!

아저씨가 반지 세공을 시작하자 근처를 지나가던 외국인들도 다가와 함께 구경했다.

한참 동안 자르고 붙이고 문지르며 반지를 손보던 아저씨가
뜨거운 불에 달아올라 연기가 피어나는 반지를 불쑥 내밀었다.

푸쉬카르Pushkar

한두교 창조신인 브라흐마의 사원이 있는 푸쉬카르는 매년 11월경에 낙타축제가 열리는 곳으로도 유명하다.

NATRAJ GUEST HOUSE
THE SHIVA E
THE SHIVA EYE RESTAURANT
THE SHIVA EYE
RESTAURANT
EYE RESTAURANT
RESTAURANT
Breakfast Lunch Dinner
airtel
Koffee Culture
Radhey Restaurant
BEAUTY PARLOUR
BEAUTY PARLOUR

인도 숙소, 빈방 있나요?

대부분의 배낭여행자들은 숙소를 미리 예약하지 않고 도시에 도착해서 발품을 팔아 결정한다. 기차역, 버스터미널, 여행자거리, 주요 관광지를 중심으로 많은 숙소가 밀집되어 있다.

*도시에 도착하고 '한 시간 안에 300~500루피의 숙소 찾기'는 순전히 내 기준이다. 당연한 얘기지만, 사람마다 숙소를 찾는 소요시간과 숙박비 기준이 다르다. 나는 대체로 한 시간 동안 서너 곳의 숙소를 둘러본 뒤 결정했다.
*인도의 숙소는 고급 궁전호텔부터 중급 호텔, 게스트하우스, 민박, 사원에서 운영하는 숙소, 기차역 내 숙소 등 다양하다. 여기서는 배낭여행자가 가장 많이 이용하는 숙박시설인 게스트하우스를 중심으로 소개했다.

객실에 대해 알아보자

배낭여행자가 가장 많이 이용하는 게스트하우스는 싱글룸, 더블룸, 트윈룸, 도미토리로 나뉜다.

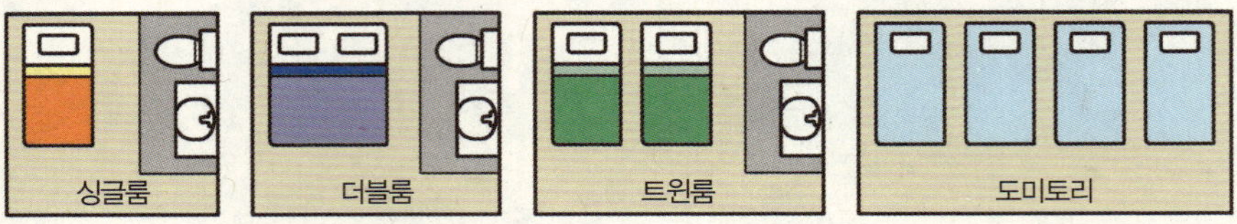

객실 종류 : 싱글룸(1인용 침대 하나), 더블룸(2인용 침대 하나), 트윈룸(1인용 침대 둘), 도미토리(한 방에 여러 개의 1인용 침대가 놓여 있다. 남녀 혼숙인 곳이 많다.)

내부 시설 : 숙소에 따라 조금씩 다르지만, 기본적으로 욕실을 포함해 침대, TV, 탁자, 거울, 책상과 의자가 비치되어 있다. 드물게 공동 욕실인 곳도 있다. 에어쿨러나 에어컨이 설치된 방은 더 비싸다.

퇴실 시간 : 오전 10시, 낮 12시, 24시간 등 게스트하우스마다 다르다. 24시간은 오늘 아침 8시에 입실했으면 다음 날 아침 8시 전에 퇴실해야 한다는 뜻이다.

인도의 게스트하우스는 대체로 정가제이지만 흥정 여부에 따라 값이 내려가기도 한다.
인터넷 인도여행카페에서는 도난, 성추행이 발생했던 숙소의 블랙리스트가 공유되고 있다.

❶ 배낭여행자들이 많이 가는 게스트하우스는 한 구역에 밀집되어 있는 경우가 많다.

❷ 숙소 주인과 매니저가 친절하고 적극적인지, 숙소는 청결히 관리되고 있는지를 살핀다.

❸ 방문과 창문의 잠금 상태, 침대 시트, 욕실 수압, 온수, 전기를 꼼꼼히 확인한다.

❹ 인도의 전압은 220V이다. 한국의 전자제품을 그대로 가져가서 쓸 수 있다. 한낮에는 정전이 잦다.

❺ 고아 주나 코치에 가면 'Rooms to Let'라고 쓰인 팻말을 자주 볼 수 있는데 현지인 민박을 할 수 있다.

❻ 창문 바깥에 에어쿨러가 설치되어 있다. 에어컨의 유무에 따라 숙박비가 크게 달라진다.

❼ 숙소 옥상에서 식당을 운영하는 곳도 있다. 전문적인 식당에 비해 맛은 별로 없다.

❽ 머무는 도시와 숙소에 따라 창밖의 풍경이 시시각각 달라지는 건 여행의 묘미이다.

❾ 마음이 맞는 일행과 더블룸이나 트윈룸을 나눠쓰면 숙박비를 많이 절약할 수 있다.

인도여행은 밤에 이동할 때가 많아서 기차나 버스에서 하룻밤을 보내기도 한다.
늦은 오후나 저녁에 출발해 다음날 아침 일찍 도착하는 시간대가 좋다.

버스에서 맞이한 아침

기차로 열 시간 이동은 보통이다

기차역 내에도 숙소가 있다

당신은 무엇을 믿나요?

인도는 가히 신의 나라라 할 정도로 거의 모든 인도인이 신을 믿는다 해도 과언이 아니다.
길을 걷다 보면 곳곳에 자그마한 신상이 놓여 있거나 거대한 사원이 불쑥 등장한다.

대문 앞에 붙여진 가네샤

누군가의 집에 놓인 예수상

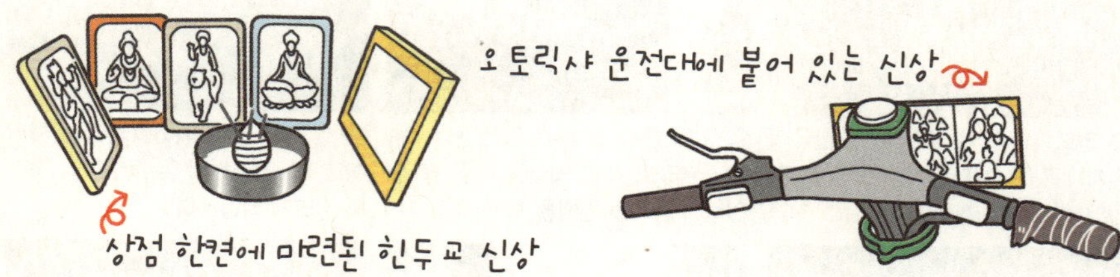

상점 한편에 마련된 힌두교 신상

오토릭샤 운전대에 붙어 있는 신상

폰디체리의 힌두교 사원에서 이른 아침에 기도를 하는 사람들

부와 지혜를 가져다주는 힌두교의 신 가네샤

인도는 힌두교, 불교, 자이나교, 시크교, 이슬람, 기독교, 조로아스터교, 유대교 등
여러 종교가 공존하는데 저마다 교리도 다르고 사원에서 지켜야 할 규칙도 다양하다.

여행 초기에는 두 손을 모으며 '나마스테Namaste'라 말하면 모든 인사가 통용되는 줄 알았다.
하지만 종교에 따라 인사법과 예절이 다르다는 걸 알게 되었다.

하루는 뭄바이[Mumbai]의 마린 드라이브에서 일행과 내기를 했다.

내기에서 진 친구는 근처에 앉아 있던 인도인에게 두 손을 모으며 인사를 했다.

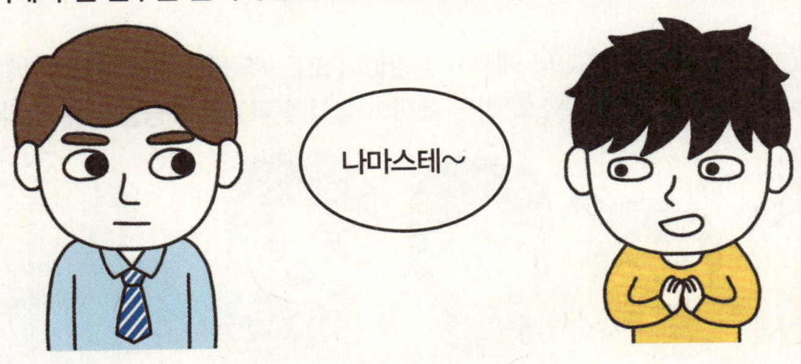

하지만 함께 인사하며 맞장구를 쳐줄 줄 알았던 그는 싸늘한 표정을 지으며 정색했다.
인도인에게 다른 종교의 언어와 방식으로 인사하는 건 굉장히 무례한 행동이었던 것이다.

내게 굉장히 생소했던 종교 중 하나인 자이나교는 궁극적인 무소유와 무욕을 지향한다.
수행자들은 몸에 실오라기 하나 안 걸치고 미물을 삼켜 죽이지 않도록 마스크를 쓰고 다닌다.

카주라호에 있는 자이나교 사원

시크교의 황금사원은 종교나 계급에 상관없이 모든 사람들에게 개방되기 때문에
누구나 사원 내부의 숙소와 하루 세끼의 식사를 무료로 제공받을 수 있다.

조로아스터교는 침묵의 탑에서 행하는 '조장풍습'이라는 조금 독특한 장례를 치른다.
파르시들은 주로 뭄바이에 거주하고 있는데 인도의 대표적 기업인 타타그룹 역시 파르시이다.

파르시 : 인도에 거주하는 조로아스터교도를 지칭하는 말

인도 12억 인구의 80%가 믿는 힌두교는 내게 굉장히 재미있는 종교로 다가왔다.
신화 속에서 코끼리, 낙타, 소, 공작, 원숭이, 쥐 등 여러 동물들이 등장하기 때문이다.

난디 : 창조와 파괴의 신인 시바가 타고 다니는 황소. 그림 속 난디상은 탄자부르에 있는 사원에서 볼 수 있다.

히말라야에서 발원해 북인도를 가로지르는 갠지스 강은 현지인들에게 여신 강가라 불린다.
그녀는 강에서 몸을 씻는 이들의 죄를 정화해주는데 종종 악어를 탄 모습으로 표현되곤 한다.

바라나시의 한 외벽에 그려져 있던 강가

세계문화유산으로 지정된 탄자부르의 브리하디스와라 사원에서 커다란 난디상이 위용을 드러내고 있다

아름답기로 손꼽히는 마두라이의 스리미낙시 사원은 둘러보는 데만 한나절이 걸린다

인도의 고전 서사시인 《라마야나》에서 라마의 충성스러운 심복으로 등장하는 하누만은
원숭이의 형상을 하고 있는데 현실 속 원숭이와는 어쩐지 괴리감이 느껴진다.

퐁디체리 힌두교 사원의 하누만

뭐니뭐니해도 인도에서 가장 인기 있는 신은 소 치며 피리 부는 목동, 크리슈나가 아닐까.
아이, 연인, 영웅으로 그려지는 크리슈나는 회화, 음악, 조각 등의 예술적 모티브가 된다.

트럭 유리창에 붙여져 있던 크리슈나

코끼리의 얼굴을 한 가네샤는 부와 지혜, 행운을 가져다주기 때문에 상인들에게 인기가 높다.
조각과 회화를 보면 주변에 항상 작은 생쥐가 있는데 놀랍게도 가네샤의 이동수단이라고 한다.

마두라이에 있는 스리미낙시 사원은 힌두교의 수많은 사원 중 아름답기로 손꼽히는 곳이다.
이곳에선 커다란 코끼리가 코를 이용해 사람들에게 축복을 내리는 장면을 볼 수 있다.

동물과 관련해 생각나는 일화가 하나 더 있다.
서벵골 주의 콜카타Kolkata에는 죽음을 관장하는
힌두교의 여신인 칼리를 모시는 사원이 있다.

까만 피부에 해골 목걸이를 차고 사방으로 뻗어나간 손마다 무시무시한 무기를 든 칼리.
어떻게 보면 굉장히 기괴한 모습이지만 인도인들에게 대중적 인기를 누리고 있다.

칼리 : 죽음과 파괴의 여신. 산스크리트어로 '검은 여자'라는 의미이다.
사나운 표정에 붉은 혀를 길게 내민 모습이 인상적이다.

칼리가트 사원에서는 매일 아침마다 사제들이 살아 있는 염소를 제물로 바친다고 한다.
호기심이 동한 우리는 현장을 구경하기 위해 아침 일찍 지하철을 타고 찾아갔다.

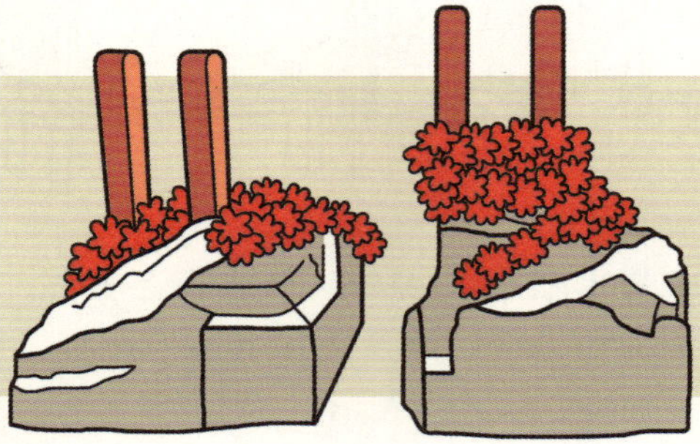

사원에서는 연신 노랫소리가 흘러나오고
한쪽에는 웬 빨간 기둥이 세워져 있었다.

사람들은 코코넛을 바닥에 내리쳐 흘러나온 즙을 기둥에 뿌린 뒤 머리를 대고 기도를 했다.

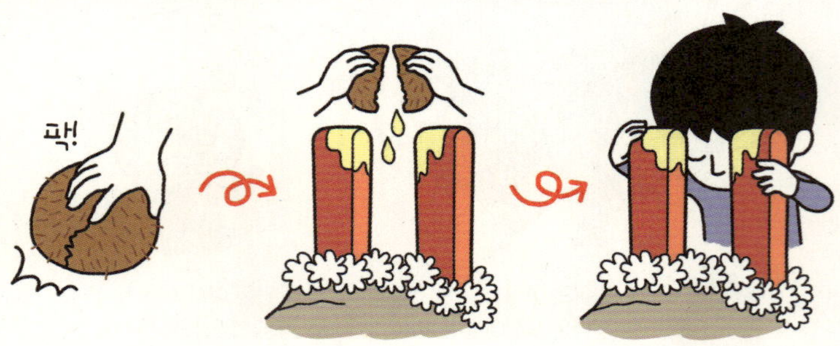

곧 커다란 칼을 든 아저씨가 염소를 끌고 나왔는데 빨간 기둥의 정체는 바로…

염소의 외마디 비명과 함께 우리는 혼란스러운 기분에 빠져들었다.

염소가 흘린 피를 이마에 찍어 바르는 사람들을 넋을 잃고 바라볼 뿐이었다.

얼떨떨하게 사원을 나서는데 한쪽에서는 희생된 염소 고기를
정성껏 자르고 다듬어 지나가는 사람들에게 나눠주고 있었다.

그렇게 우리는 그날 또 하나의 인도를 만났다.

인도인에게 꽃이란… 서벵골 주 콜카타의 하우라 철교 밑에는 물리끄 가트라 불리는 꽃시장이 있다. 시장이 파하기 전에 넉넉히 여유를 두고 찾아가면 복작복작하고 활기찬 흥정을 벌이는 인도인들의 모습과 함께 현란한 색의 향연을 목격할 수 있다. 인도에서 꽃이 소비되는 가장 큰 이유는 사원에서 신에게 바칠 소중한 헌화이기 때문이다. 버스나 택시의 운전석을 보면 어김없이 작은 신상과 함께 꽃이 놓여져 있는 걸 볼 수 있다. 식당과 상점, 호텔, 그리고 각 가정에서는 공간 한켠에 신을 위한 조그마한 제단을 마련해 매일 아침마다 향을 피우고 싱싱한 꽃을 바친다. 가장 인상 깊었던 꽃의 소비는 인도의 여성들이었다. 그녀들은 단아하게 땋은 머리 위에 실핀으로 꽃을 매달아 은은한 향내음을 풍기곤 한다.

라씨에 대처하는 자세

인도여행을 할 때 즐겨 먹던 음료 중 하나인 라씨Lassi는 발효된 요구르트에
취향에 따라 여러 가지 과일을 함께 갈아 넣은 인도의 전통 음료이다.

라씨 전문점의 메뉴판을 보면 가끔 스페셜라씨라는 게 있는데
스페셜이라는 이름에 혹해 벌컥 마셨다가는 큰일 난다!

사실 이것은 방라씨라고도 불리는데 환각을 일으키는 마약 성분이 첨가된 라씨이다.
바라나시의 힌두 수행자들은 방을 피우는 행위를 시바신을 경배하는 일로도 여긴다고 한다.

스페셜라씨를 마셨을 때 겪을 수 있는 몇 가지 증상이 있다.

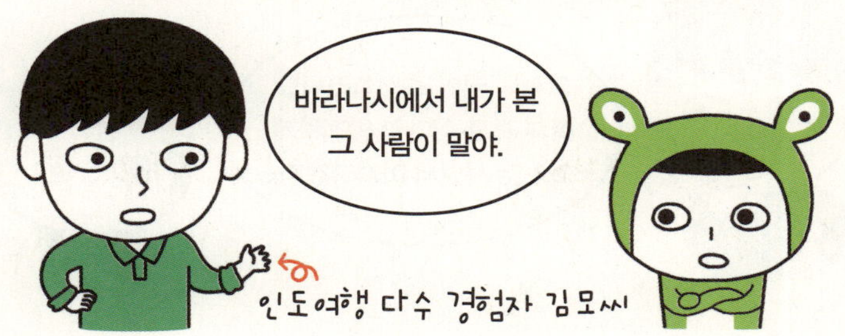

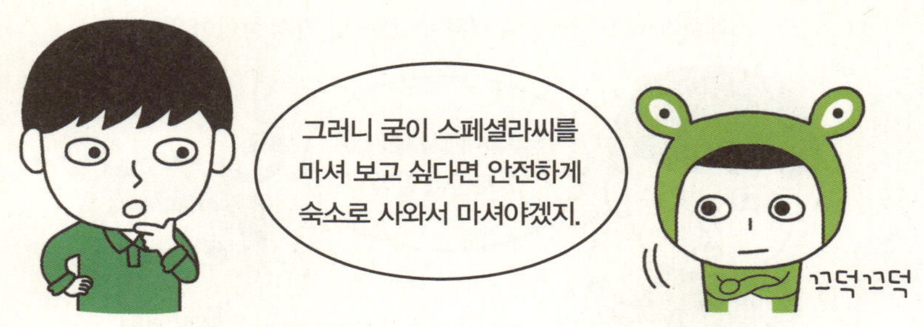

하지만 굳이 스페셜이 아니어도 라씨의 유혹은 언제나 참기 힘들었다.
하루는 라자스탄 주의 조드푸르Jodhpur라는 도시에서 한 라씨 가게를 발견했다.

118

1 조드푸르의 랜드마크인 시계탑 앞에 위치한 라씨 가게 2 바라나시의 한 라씨 가게에서 먹은 플레인 라씨 3 자이푸르에는 인도 최고의 라씨 가게라 불리는 '라씨왈라'가 있다. 라씨왈라는 라씨를 만드는 사람이라는 뜻이다. 재미있는 건 똑같은 간판명을 달고 세 곳이 나란히 영업 중인데, 세 곳 모두 먹어본 결과 원조를 따지는 게 무색할 정도로 똑같이 맛있었다!

나는 라씨의 새콤달콤한 맛에 반해 아예 가게 앞에 자리를 잡고 앉았다.
다양한 라씨를 섭렵하며 배를 두둑이 채운 뒤 계산을 하려고 점원에게 다가갔다.

아저씨는 헷갈린 표정으로 한참 동안 암산을 했다.

라씨 평균가는 10~20루피인데 무려 100루피가 훌쩍 넘는 금액이 나왔다!

라씨에 관한 얘기를 더 해 보자면 갠지스 강이 흐르는 바라나시Varanasi를 빼놓을 수 없다.
이곳의 수많은 라씨 가게 중 한국 배낭여행자들 사이에서 제법 알려진 두 곳이 있다.

두 곳 모두 현지인뿐 아니라 여행자들에게 인기도 좋고 맛도 훌륭하다.

하지만 사실 B라씨 가게는 젊은 남자 주인이 한국인 여자 여행자를 상대로
방라씨를 속여 파는 등 불미스러운 사건이 벌어졌던 곳이기도 하다.

인터넷 인도여행 카페에서는 인도의 지역별로 상점, 숙소, 식당 등
조심하고 피해야 할 블랙리스트가 회원들끼리 공유되고 있는데

인도여행을 그리며 : cafe.naver.com/india2004
인도방랑기 : cafe.daum.net/gabee

인도에 오기 전 여행을 준비할 때 여행 카페나 책과 다큐멘터리를 통해
혹시 벌어질지도 모를 미연의 사례를 충분히 숙지해 두는 게 큰 도움이 된다.

한국 여행자를 우롱하는 상가에 대한 불매운동에 동참하느냐 마느냐는 개인의 선택이지만
우리 모두의 건강하고 안전한 여행 문화를 만들기 위해 한 번쯤 생각해 볼 문제이긴 하다.

인도의 문화인 방라씨에 대해 옳다 그르다를 가리는 건 무의미할지 모르지만
방라씨를 이용해 타인을 고의로 위험에 빠트리는 인도인에 대해선 여행자가 판단을 내릴 수 있다.

실제로 이런 생각을 가진 사람이 한국 여행자 중에도 꽤 많다는 건 안타까운 사실이다.

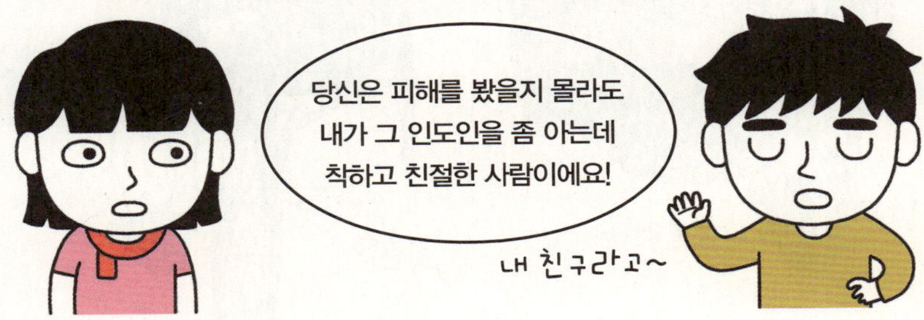

여행자로서의 자유로운 신분과 인도의 이국적인 풍경에 빠져 종종 간과하기 쉽지만
같은 한국인으로서 인도에서 받을 정당한 대우는 함께 만들어나가야 하는 게 아닐까.

릭샤왈라와의 흥정법

릭샤왈라들은 인도를 여행할 때 여행자와 절대 끊으려야 끊을 수 없는 관계이다.

오토릭샤 : 요금 미터기는 거의 사용하지 않아서 릭샤왈라(운전자)와의 흥정은 필수이다. 툭툭이라고도 부른다.
사이클릭샤 : 자전거 뒤에 손님이 앉을 좌석과 차양을 덧대 만든 교통수단. 오토릭샤에 비해 이동거리가 짧다.

대부분의 릭샤왈라들은 내가 원하는 가격을 제시하면 떫은 표정으로 도리질하기 일쑤였다.
어째서 외국인은 항상 현지인보다 비싼 요금을 감수해야 하는지 나는 늘 불만이었다.

하루는 오기가 생겨서 릭샤왈라가 제시하는 바가지요금을 내지 않기로 마음먹었다.
연달아 흥정에 실패하고 수많은 오토릭샤를 떠나보내던 중 또 한 대의 릭샤가 다가왔다.

아저씨의 명쾌한 반응에 놀란 건 오히려 내 쪽이었다.

그는 좋다고 말하면서도 연신 고개를 갸우뚱했고, 그럴수록 나는 더욱 혼란스러웠다.
나중에 알게 된 사실인데 인도는 고개를 옆으로 까딱까딱하는 게 긍정의 의미였다.

똑같은 질문과 대답을 몇 번씩 주고받고 나서야 나는 안심하고 오토릭샤에 올라탔다.
반질반질한 새 시트와 깔끔하게 잘 다려진 아저씨의 새하얀 셔츠를 보고 깜짝 놀랐다.

무엇보다 가장 근사한 건 이마에 핏대 세울 필요도 없이 단박에 OK를 외쳐준 릭샤왈라였다.

내가 유독 감명받았던 이유는 평소 나와 릭샤왈라와의 관계 때문이다.

*15와 50의 영어발음이 비슷한 걸 이용해 막상 목적지에 도착하면 돈을 더 내라며 채근한다.

*두 명 이상 릭샤를 탈 때 막상 목적지에 도착하면 사람 수대로 돈을 더 내라며 채근한다.

*이미 다른 현지인을 통해 예상 금액을 파악한 상태였지만 릭샤왈라는 터무니없는 가격을 부르기도 했다.

사실 인도에서 폭식을 하거나 기념품을 살 때는 몇백, 몇천 루피도 아끼지 않으면서
릭샤왈라와는 단돈 몇십 루피 때문에 매번 실랑이를 벌이는 게 이상할 때도 있다.

상황에 따라 씀씀이의 격차가 벌어질 때마다 한편으로는 이런 의문도 든다.

모든 릭샤왈라는 인도에서 항시 내 발이 되어주는 중요한 존재인 건 사실이다.
하지만 그 만남이 그리 즐겁지 않은 건 항상 나를 속인다는 기분 때문일지도 모르겠다.

하루는 인도의 릭샤왈라와 택시기사에 대해 얘기가 나왔다.
같은 주제여도 각자의 입장에 따라 사람들 생각은 제각각이었다.

가끔 이런 생각을 하는 여행자들도 만났다.

나는 합리적인 가격을 맞추려 흥정하는 것보다 왜 그런 태도가 더 낫다는지 이해할 수 없었다.
그것이 넓은 아량에서 비롯된 게 아니라 릭샤왈라를 폄하한 일종의 적선처럼 보였기 때문이다.

여행자가 체감하는 100루피와 인도인이 체감하는 100루피의 가치는 다르다.
그것을 이해하지 못한다면 우리 역시 그들처럼 그 차이를 이용하게 될 것이다.

참고로 인도의 기차역이나 관광지 곳곳에는 프리페이드라는 부스가 있다.
이곳에서 목적지를 얘기하면 경찰이 택시와 릭샤의 정찰제 요금을 알려준다.

요금을 지불하면 이름을 확인한 뒤 종이에 뭔가를 적어주는데
릭샤나 택시를 타고 목적지에 도착한 후 돈 대신 건네주면 된다.

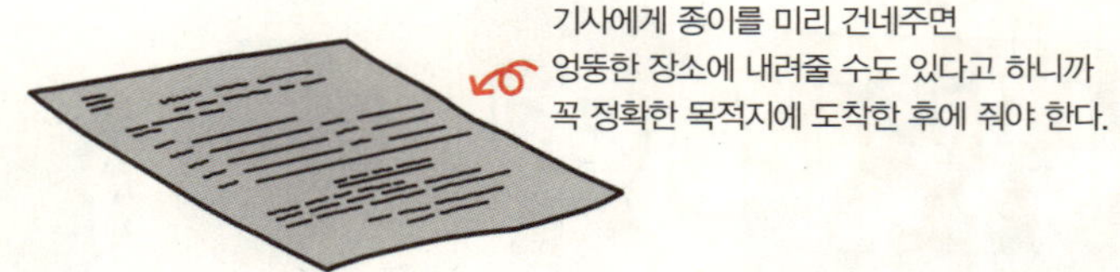

기사에게 종이를 미리 건네주면
엉뚱한 장소에 내려줄 수도 있다고 하니까
꼭 정확한 목적지에 도착한 후에 줘야 한다.

하지만 프리페이드는 한 가지 치명적인 단점이 있는데 놀랍게도 경찰들의 속임수이다.
손님이 돈을 지불하고 잠시 한눈을 파는 사이 책상 밑에서 지폐를 바꿔치기하는 것이다.

처음엔 우연인 줄 알았지만 뜻밖에도 같은 경험을 한 사람들이 적지 않았다.

프리페이드를 이용하고 안 하고는 각자의 선택이다. 하지만 낯선 곳에 막 도착해
교통비의 평균 시세를 가늠할 수 없는 등 부득이한 경우에 유용했던 건 사실이다.

경찰의 속임수는 황당하지만 어딜 가나 직업과 도덕심을 떠나서
이런저런 사람은 있기 마련이니 최대한 주의를 기울이는 수밖에 없다.

마지막으로 덧붙이자면
프리페이드는 앞에서 말한 단점도 무시될 만한
치명적인 매력이 있다.

종이를 받아서 근처에 있던 교통경찰에게 보여주면 그들은 가뿐히 릭샤를 잡아 태워준다.

작은 외교관··· "첸나이의 오토릭샤 기사들, 독한 놈들이에요." 식당에서 한 중년의 여행자가 맞은편에 앉아 있는 사람들을 향해 침을 튀기며 자신의 경험담을 들려주고 있었다. 도대체 무슨 일을 겪었기에? 궁금해진 나는 귀를 기울였지만, 그의 말엔 논리도 없고 수렴도 없고 오로지 주장뿐이었다. 듣는 쪽은 대학생이나 되었을까. 첸나이에 가본 적 없다던 그들은 중년 남자의 말에 별다른 반박 없이 연신 고개를 끄덕이고 있었다. 잘못된 가이드북보다 어설픈 목격자가 더 위험하다고, 먼저 다녀온 이의 말을 가려서 듣는 것도 중요하다. 편견은 무지만큼 어리석다. 자신의 발언이 다른 누군가에게 유일한 증언이 될지도 모른다는 사실을 안다면 그 무엇도 함부로 단정 지을 수 없을 것이다. 나는 여행에서 돌아온 후 인도를 '안다'고 말하는 이들을 경계하게 되었지만, 나 역시 종종 그 사실을 까맣게 잊은 채 그곳에서 마주쳤던 모든 것의 우열을 가리곤 했다.

#2

한 걸음
두 걸음

인간은 오직 사고(思考)의 산물이다. 생각하는 대로 되는 것뿐이다.
—마하트마 간디

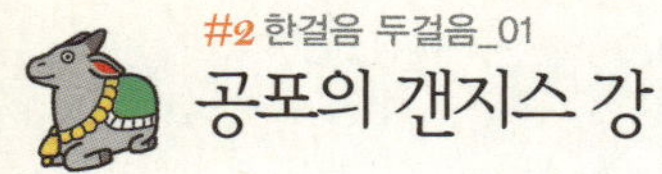

공포의 갠지스 강

히말라야산맥에서 발원된 갠지스 강이 유유히 흐르는 오래된 도시 바라나시 Varanasi.
역사와 종교, 신화가 공존하는 이곳은 인도인들에게 중요한 성지 중 하나이다.

7월의 어느 무더운 여름, 어스레한 저녁 무렵.
가트를 걷다가 다른 여행자들과 함께 갠지스 강에서 보트를 타게 되었다.

가트 : 강가를 따라 놓여져 있는 돌계단.

왠지 들뜬 기분이 들어 이런저런 이야기를 했다.

바라나시의 가트를 따라 걷다 보면 버닝 가트Burning Ghat라 불리는 거대한 화장터가 나온다.

*아침부터 늦은 밤까지 온종일 불이 꺼지지 않는 버닝 가트는 사진촬영이 금지되어 있다.

인도의 힌두교인들은 죽은 후 화장되어
갠지스 강에 뿌려지는 것에 굉장히 큰 의미를 둔다.

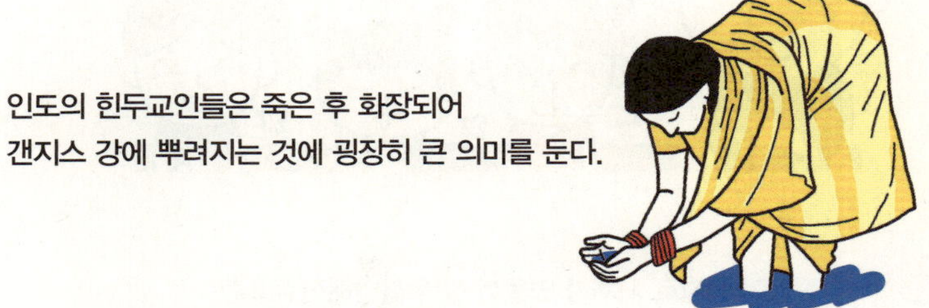

어린아이, 사두, 뱀에 물린 이, 임산부 등 화장하지 않고 물에 묶어 수장시키는 경우도 있다.

왠지 <u>으스스</u>해서 모두가 조용해졌는데 갑자기 누군가 버럭 소리를 질렀다.

행여 정말로 시체가 있을까 잔뜩 불안해진 우리는
강에 떠다니는 온갖 부유물을 의심하기 시작했다.

깜짝 놀란 우리가 우왕좌왕하자 내내 조용하던
뱃사공 아저씨가 시큰둥한 목소리로 한마디 하셨다.

우리는 곧바로 수긍했다.

그로부터 얼마 후 나는 한 장의 사진을 보게 되었다.

바라나시 Varanasi

그 어떤 무신론자라도 바라나시를 찾아온 여행자가 된 이상, 도시 중심을 굳건히 흐르는 갠지스 강을 의식하지 않을 도리가 없다. 지독했던 한낮의 더위가 한풀 꺾이면 사람들은 기다렸다는 듯 삼삼오오 다샤스와메드 가트로 향한다. 매일 저녁마다 푸자가 열리기 때문이다.

푸자는 힌두교식 예배를 말하는데 진행자들은 전통의복을 차려입고 낮은 종소리와 함께 묵직한 목소리로 경전을 읊는다. 몽롱한 향 내음이 풍기는 이 이국적 의식에 강한 호기심을 느낀 여행자들은 걸음을 멈추고 그 풍경의 일부로 동화된다.

삶은 그 어디에나 있다. 이국에서 온 여행자가 바라나시에서 특별한 무언가를 발견한다 해도 그것이 오직 이곳에만 존재하는 유일성은 아닐 것이다. 갠지스 강에 몸을 씻으며 신을 향한 가열찬 의지를 드러내는 인도인들을 보면서 자신은 그간 무엇을 믿으며 살아왔는지를 곰곰이 되새길 계기를 갖는 것. 단지 그뿐이다. 무심코 주변을 둘러본다. 가트를 거니는 사람들이 같은 곳을 바라보고 있었다. 어머니의 강이라 불리는 인도의 젖줄, 갠지스 강을.

그들이 알고 싶다

수도인 뉴델리에서
오토릭샤가 신호에 걸려
멈춰섰는데 누군가 다가왔다.

나는 정말이지 깜짝 놀랐다.
그가 여자들이 입는 사리를 입고 있었기 때문이다.

사리 : 기다란 천으로 되어 몸에 둘러입는 인도 여성의 전통 의상

게다가 어리둥절해하는 내게 손을 내밀며
다짜고짜 돈을 달라고 하는 게 아닌가.

뉴델리 New Delhi

인도의 수도. 크게 무굴제국 시대의 흔적이 많
이 남아 있는 구시가지 올드델리와, 영국 식민
지 시절에 새롭게 형성된 신시가지 뉴델리로
나뉜다. 인도의 정부 직할지인 뉴델리는 대통
령궁인 라쉬트라파티 바반과 국회의사당 및 여
러 행정기관이 있다. 대통령궁 인근의 중앙 교
차로에는 제1차 세계대전 당시 영국에 동원돼
싸우다가 죽어간 인도 병사들을 위한 위령탑,
인디아 게이트가 세워져 있다. 인디아 게이트
로 소풍을 나온 시민들은 잔디밭 곳곳에 옹기
종기 둘러앉아 아이의 재롱을 보며 왁자한 웃
음을 터트리기도 한다.

그 정체에 대한 궁금증이 채 가시기도 전에
아그라에서 조드푸르로 가는 기차 안에서
또 그들을 만났다.

이번에도 역시나 사리를 입고 있었는데
특이하게도 손가락마다 지폐를 끼고
과시하듯 휘휘 손을 흔들어댔다.

놀라운 건 승객 누구 하나 반발하지 않고
순순히 지갑에서 돈을 꺼내준다는 것이다.

한 가지 일화를 더 얘기하자면 어느 날 뉴델리의 인디아 게이트에서 놀고 있는데
친구의 등 뒤로 멀리서 성큼성큼 다가오는 그들의 모습이 보였다.

역시나 그들은 당당히 돈을 요구했다. 하지만 친구의 직업이 경찰이었던지라

나는 내심 이런 장면을 상상했다.

그런데 이게 웬걸?! 뭔가 하려는 듯 벌떡 일어난 친구가
지갑을 열고 그들에게 선뜻 돈을 내주는 게 아닌가!

그리고 기분 나쁜 표정으로 털썩 주저앉길래 조심스레 물었다.

호기심이 동한 나는 한국에 돌아와 그들에 대한 정보를 찾아봤다.

그들은 히즈라Hijra라 불리는데 인도의 역사, 종교, 사회적으로
한 가지로 규정해 정의 내릴 수 없는 복잡한 사람들이었다.

이들 대부분은 거세를 했는데 놀랍게도 그것은 남성에서 여성으로의
성 정체성을 찾기 위해서가 아닌 제3의 성으로 인식한다는 것이다.

과거에 히즈라는 인도의 힌두문화와 전통, 사회 내에서 자신들만의 지위를 확립해
왕실에서 높은 직위를 얻거나 결혼식 등 행사에서 축복을 내려주는 존재였다.

히즈라는 자웅동체로 표현되는
힌두교의 시바신을 닮았기 때문에
신의 자식으로도 여겨졌다고 한다.

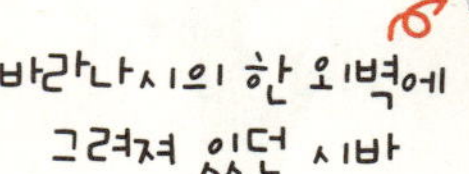

어느 땐 알면 알수록 한 가지 색으로 표현할 수 없는 인도의 모습을
삶의 다양성으로 여겨 의미 부여를 해도 되는지 궁금할 때도 있다.

*웬만한 대도시는 대형 쇼핑몰이 즐비해서, 인도가 낡고 더럽다는 그간의 인식이 무색할 때도 있다.

히즈라는 명맥을 유지하기 위해 때로는 고아 소년을 데려와 강제 거세를 감행하고
자신들의 요구가 받아들여지지 않으면 소란을 피우며 저주를 퍼붓는다고 한다.

과거의 전통은 어땠을지 몰라도 이제는 다소 변질된 그들의 정체성은 뭘까.

그래서일까?
적은 돈이라도 순순히 내는 게
그들 나름의 공존 방법일지도.

만약 친구가 그들에게 돈을 주지 않았더라면 어떤 상황이 벌어졌을까.

인도를 여행하면서 만날 수 있는 다양한 직업군과 삶의 단상.
과연 우리가 배운 도덕성과 상식만으로 그들을 판단할 수 있을까?

라자스탄의 예술가들

인도 라자스탄 주의 도시들은
각기 특별한 색을 품고 있다.
그중 몇 곳을 살펴보면

사막에 낙타가 거니는 골드시티 자이살메르Jaisalmer와
호수가 있는 낭만적인 화이트시티 우다이푸르Udaipur.

집집마다 푸른색으로 도색된 블루시티 조드푸르Jodhpur와
붉은 성벽으로 둘러싸인 핑크시티 자이푸르Jaipur 등이 있다.

하루는 자이푸르Jaipur의 골목길을 걷다가 한 석공소를 발견했다.

좁은 작업실에 노인과 청년 두 사람이 앉아 있었는데

그들은 힌두교의 인기 있는 신 중 하나인 가네샤를 조각하고 있었다.

호기심을 보이자 청년은 옆에 있던 도안을 한 장씩 넘기며 보여줬다.

그때 근처에 놓여 있던 조그마한 갈색 돌이 눈에 띄었다.

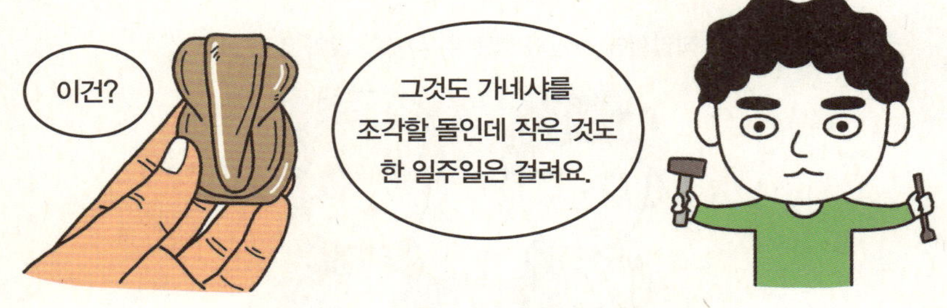

그러던 어느 날 자이푸르에서 7시간여 떨어진 조드푸르Jodhpur에 갔는데
내가 묵던 숙소에는 한 과묵한 화가 아저씨가 있었다.

그는 매번 볼 때마다 숙소 곳곳의 허전한 벽을 자신의 그림으로 꼼꼼히 채우고 있었다.
그의 섬세한 붓놀림에 감탄하며 구경할라 치면 어디선가 숙소 주인이 다가와 말하곤 했다.

화가 아저씨는 벽화가 완성될 때까지 고용된 존재였음에도
그림을 그리는 순간만큼은 마치 그 공간의 주인처럼 보였다.

라자스탄에서 만난 석공과 화가처럼
어떤 창조성을 지향하는 사람들을 볼 때면
여행을 오기 전 한국에서의 내가 생각나곤 했다.

한국에서 나는 종종 동경이 열등감으로 전락하는 기분을 느끼곤 했는데
그것은 내 이상향에 가까운 기준과 나의 거리를 끊임없이 가늠하는 일이었다.

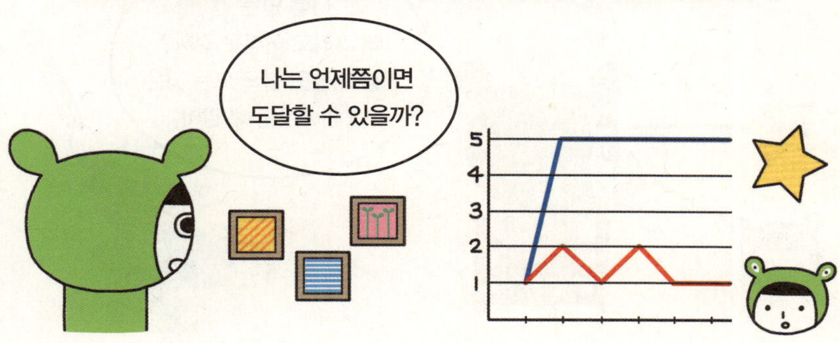

사실 그것은 자극일지언정 그다지 유쾌한 일은 아니어서
타인의 재능을 보는 마음에도 여유가 없어지기 마련이다.

타고난 재능 못지않게 오랫동안 공들여야 하는 건 시간과 노력일 텐데 말이다.

이제부턴 꿈꾸던 동경에 한 걸음 더 가까워졌다고 여기는 것도 괜찮겠지.

잠시만 걸음을 멈춰 줄래요?

북동부 서벵골 주의 고산도시이자 홍차 생산지인 다즐링.
6월, 한여름의 다즐링은 매일같이 비가 내렸다.

빨래는 며칠째 마를 기미가 없고 시시때때로 천둥을 동반한 폭우가 쏟아졌다.
그런 상태가 일주일 넘게 계속되니 놀랍게도 일종의 강박증이 생기기 시작했다.

다즐링 Darjeeling

히말라야산맥의 고산지대에 위치한 다즐링은
아삼, 닐기리와 더불어 인도의 주요한 홍차 생
산지 중 한 곳이다. 다즐링은 1년 내내 안개가
짙고 기온이 서늘해서 현지인들의 여름 휴양지
로도 각광받는다. 날씨가 좋은 날은 세계에서
세 번째로 높은 봉우리인 히말라야 칸첸중가의
절경도 볼 수 있다.

그러던 어느 날,
아침에 일어나 창밖을 보니
모처럼 쾌청한 날씨가 아닌가!

나는 너무나 흥분해서 지도를 펼쳐 들고 가보고 싶었던 목적지를 손가락으로 콕 찍었다.
그리고 혹시 몰라 우산도 챙기고 동네 구멍가게에서 과자와 음료수도 잔뜩 샀다.

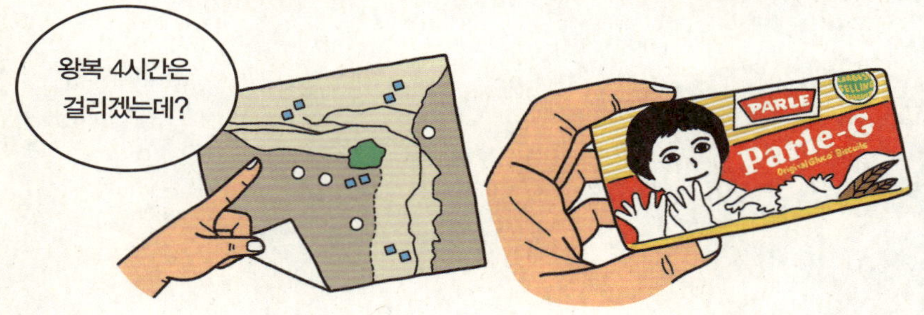

그렇게 룰루랄라 나들이를 나섰는데 소풍 가는 것처럼 기분이 들뜨기 시작했다.

곧 어디선가 동네 꼬맹이들이 한두 명 모여들기 시작했다.
길을 물으니 쑥스러워하면서도 너도나도 방향을 알려주기 바빴다.

인사를 하고 다시 길을 가려는데
아이들이 별안간 깡충깡충 까불까불!

그리고 앞에서 걸어가는 나를 뒤에서 빤히 쳐다보는 게 아닌가.

하지만 나는 아이들과 시간을 보내는 것보다 어서 빨리
목적지에 도착해 발도장을 꾹 찍고 싶은 욕심이 더욱 컸다.

그야말로 여행이 의무가 되었던 순간이다.

여행에서 한 가지 목표 지점에 열심히 달려가는 것도 좋지만
때론 모든 변수를 즐길 마음의 여유를 갖는 것도 재미있지 않을까.

아이들의
마냥 천진했던
모습이 생각 나!

다즐링Darjeeling

다즐링의 수려한 차밭. 한여름에도 기온이 낮고 1년 내내 습도가 높다. 다즐링에서 생산되는 차는 '홍차의 샴페인'이라는 별명을 지녔고 세계 3대 홍차 중 하나로 손꼽힌다.

옥수수를 보는 남다른 시선

다즐링에서 머물던 숙소는 티베트인 가족이 운영하는 곳이었는데
모두들 세심한 배려가 몸에 밴 무척이나 친절한 사람들이었다.

이곳에서 접할 수 있는 뜨겁고 얼큰한 티베트 음식은 한국인들의 입맛에도 잘 맞는다.

*티베트 음식은 한국 음식과도 많이 비슷하다. 뚝바(칼국수), 뗌뚝(수제비), 모모(만두).

고산도시인 다즐링은 한여름에도 두툼한 겉옷을 입어야 할 정도로 추운 곳이다.
비라도 내리는 날에는 얼음장 같은 물이 나와서 샤워는커녕 세수하는 것도 고역이었다.

숙소 아주머니의 말이 생각나
1층 카운터에 전화를 하니
일하는 아이가 전화를 받았다.

한참 후에 누군가 방문을 두드려서 열어 보니 커다란 양동이 두 개를 들고
3층까지 걸어 올라오느라 땀을 뻘뻘 흘리며 녹초가 된 소년이 서 있었다.

따뜻한 물로 씻으니 기분은 좋았지만
소년에게 괜스레 미안해진 나는…

그 뒤로 잘 안 씻었다.

대충 고양이 세수하는 중

하루는 아침을 먹으러 나가려고 1층으로 내려오니 숙소 정문이 굳게 닫혀 있었다.
상점과 식당까지 죄다 문을 닫는 바람에 항상 사람들로 북적이던 거리가 유난히 한산했다.

기차역은 이미 운행이 끊긴 뒤였고 도시를 드나드는 차량도 거의 없었다.
다즐링의 모든 산업이 별안간 전면 파업에 돌입한 것이었다.

수도인 뉴델리를 비롯해 28개 주로 이루어진 인도.
주민 대부분이 네팔인과 티베트인인 다즐링은
콜카타가 주도인 서벵골 주에 속해 있었는데
파업의 원인은 자치주로의 독립을 원하는 것이었다.

파업이 시작된 날 적막이 감돌던 다즐링

초우라스타 광장을 거니는 사람들과 다즐링 곳곳에 걸려 있는 티베트의 오색 깃발은
그동안 봐왔던 여느 인도의 모습과는 확연히 달라서 왠지 이질적이기까지 했다.

파업이 시작되면서부터 거리 곳곳에 총을 든 군인들이 유난히 눈에 띄었는데
애초에 아무런 정보도 없이 찾아온 나로선 그저 당혹스러울 뿐이었다.

사실 여행을 하다 보면 실제로 이런 상황을 종종 맞닥뜨리게 된다.

다즐링의 식당이 죄다 문을 닫았으니 당장 식사를 해결할 방법이
묘연해진 여행자들은 길에서 마주치면 서로의 정보를 공유하곤 했다.

다즐링의 아름다운 풍경에 흠뻑 빠져 있던 나는 파업이 시작된 뒤에도 2주 가까이 머물렀다.
음식을 구하는 과정은 나름 치열했고 때론 구차했다.

셔터를 살짝 올린 구멍가게를 발견해
재빨리 기어 들어가 과자와 음료수를 산다.

한 번은 숙소에서 일하는 꼬마가
따라오라며 굽이굽이 골목길을 돌아
문을 연 식당에 데려다 주기도 했다.

며칠 간격으로 상가가 두 시간 동안
정상 체제로 바뀔 때 재빨리
식당으로 달려가 폭식을 한다.

다즐링에서 가장 자주 사 먹은 건 길거리에서 파는 옥수수였다.
상인들은 자루와 숯통을 들고 나와 손님이 오면 옥수수를 구워 레몬즙과 소금을 발라줬다.

옥수수를 어찌나 열심히 굽던지 대부분은 새카맣게 타버리기 일쑤였다.
짭조름하고 고소한 맛에 열심히 먹다 보면 입가에는 까맣게 검댕이 묻어나곤 했다.

하지만 기약 없이 파업이 길어지자 다즐링의 아름다운 풍경도
눈에 들어오지 않고 당장 배부른 한 끼가 절실해졌다.

결국 배고픈 많은 여행자들은 허겁지겁 배낭을 쌌고 나도 도망치듯 그곳을 벗어났다.

다즐링을 떠나 가장 먼저 한 일은 온갖 군것질을 섭렵해 포만감을 만끽하는 일이었다.

하루는 타지마할의 도시인 아그라에서 손수레에 옥수수를 잔뜩 쌓아둔 옥수수장수를 발견했다.

옥수수 하나를 사서 길을 걸으며 깨작깨작 먹고 있는데 뒤에서 누군가 옷을 잡아당겼다.
한 아이가 간절한 눈빛으로 나를 올려다보며 옥수수를 달라고 손을 내밀고 있었다.

인도를 여행할 때면 구걸하는 이들과 끊임없이 마주쳐야만 했다.
하루에도 몇 번씩 시달리다 보니 나중엔 오히려 아무 감흥이 없어질 지경이었다.

종종걸음으로 나를 따라오는 아이의 손끝이 무엇을 향하는지 알고 있었지만 모른 척했다.
어째서 아이와 아이의 부모가 할 수 있는 일이 구걸뿐인지 별안간 화가 치밀었기 때문이다.

급기야 나는 들고 있던 옥수수를 보란 듯이 바닥에 내동댕이치고 씩씩대며 걸었다.
아이는 따라오지 못하고 그렁그렁한 커다란 눈으로 그 자리에 못 박힌 듯 서 있었다.

아이의 간절함이 눈에 빤히 보였지만 어차피 내 입장이 아니었기 때문이다.
나는 이미 배가 불렀으니, 다즐링을 도망치게 했던 허기는 그새 까맣게 잊은 것이다.

내 옷을 잡는 일이 꼬마에게는 최선이었을지 모른다는 생각에 기억이 쓰리다.

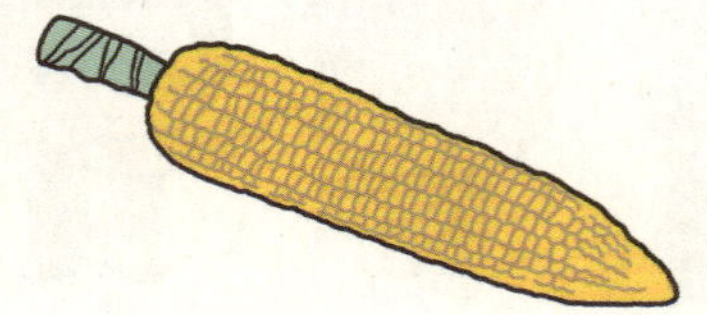

나는 광대가 아니다

과거 영국 식민지 시절의 수도였던 서벵골 주의 콜카타.

이곳엔 인도의 다른 곳에서는 볼 수 없는 독특한 교통수단이 있는데
댕댕댕 경적을 울리며 도심 한복판을 느릿느릿 지나는 트램과

콜카타에서는 인력거가 버스나 택시처럼 하나의 교통수단으로 이용되고 있지만
사람의 동력은 한계가 있기 때문에 되도록 짧은 거리를 갈 때만 타는 편이 좋다.

인력거꾼은 자동차의 커다란 경적 대신 작은 종을 울리며
이글이글 뜨겁게 달아오른 아스팔트 길을 맨발로 누빈다.

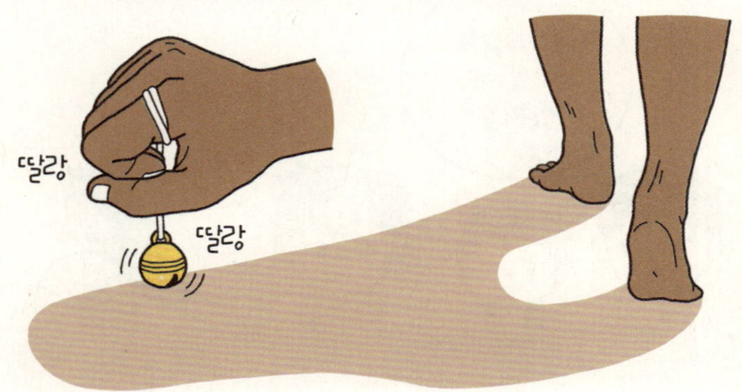

어느 날, 처음으로 인력거를 타 보려고 하는데 함께 있던 일행이 넌지시 말했다.

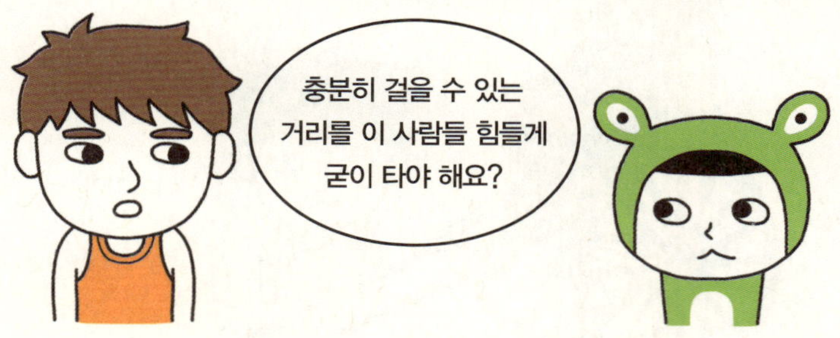

나는 살짝 당황했는데 그도 그럴 것이 그 말이 내게는 이렇게 들렸기 때문이다.

우리는 가격을 흥정한 뒤 비용을 내고 인력거를 이용할 테지만
열심히 일하는 아저씨를 뒤에서 내려다보는 게 과연 즐거울까?

콜카타의 하우라 철교를 달리는 버스와 택시들

거리에서 손님을 기다리는 인력거꾼

무엇이 옳을까 하는 여행자의 윤리적 고민이 이어졌다.

우리는 결국 인력거를 타기로 했다.
인력거에 오른 순간, 좀전의 생각은 온데간데없이 사라지고

곧바로 카메라를 꺼내 사진을 찍기 시작했다.

바로 그때, 옆에서 지나가던 한 아저씨가 손을 내저으며 소리쳤다.

아저씨의 정확한 의도는 몰랐지만 순간 나는 부끄러워지고 말았다.
철없는 내 행동 하나에 상대의 수고가 관람으로 전락해 버렸던 것이다.

콜카타 Kolkata

서벵골 주의 주도인 콜카타는 과거 영국 식민지 시절의 수도였다. 옛 명칭인 캘커타라 불리기도 한다. City Of Joy, 즉 기쁨의 도시라는 별칭을 가진 콜카타는 영국식 옛 건물과 인도 본연의 모습이 묘하게 혼재된 곳이다. 때문에 이곳이 인도인지 영국인지 모를 낯선 이질감이 느껴지지만 바로 그 점이 많은 여행자들이 콜카타에 매료되는 이유이기도 하다.

탈탈거리는 낡은 버스와 샛노란 택시가 저마다의 목적지를 향해 도로를 가득 메우면, 그 틈을 비집고 느릿한 트램이 댕댕 종을 울리며 지나간다. 시민들은 트램이 정류장에 미처 멈추기도 전에 손잡이를 붙들고 성급히 오르내리곤 한다. 한편 콜카타의 인력거는 서벵골 주 정부에 의해 사라질 위기에 처했다. 시 당국에서 더 이상 신규 면허를 발급하지 않고 벌금을 부과하는 등 운행을 금지하기 때문이다.

콜카타 Kolkata

밤이고 낮이고 북적이는 하우라 기차역. 명랑한 느낌을 주는 샛노란 택시가 끝도 없이 늘어서 있다.

인도에도 스키장이 있다고?

수도인 뉴델리에서 버스로 10시간 이상 떨어진 히마찰 프라데시 주의 마날리는
눈부신 설산과 아름다운 자연경관 때문에 인도의 스위스라 불리는 여름 휴양지이다.

고산지대인 마날리에 도착하자 뜻밖의 쌀쌀한 기온에 놀라
옷을 겹겹이 껴입었지만 나는 결국 감기에 걸리고 말았다.

마날리Manali

인도 북서부 히마찰 프라데시 주에 위치한 고
산도시. 관광객을 위한 온갖 액티비티와 호텔,
편의시설이 집결된 마날리는 수학여행과 신혼
여행, 가족여행 등 현지인들에게 여름 휴양지
로 각광받고 있다. 또한 마날리는 인도의 마지
막 샹그릴라로 불리는 라다크로 향하는 관문이
기도 하다. 일 년에 딱 삼 개월 동안 열리는 이
육로를 이용하기 위해 해마다 여름이 되면 세
계 각국의 여행자들이 마날리로 모여든다.

마날리에서는 패러글라이딩, 래프팅, 트래킹 등 다양한 액티비티를 즐길 수 있는데
어느 날 이곳에 로탕패스Rhotang Pass라는 스키장이 있다는 걸 알게 되었다.

로탕패스에 가기 위해 아침 일찍 일어나 지프를 타고 한 시간 동안 산을 오르던 중
사람들이 차를 멈춰 세우고 스키복 대여점에서 옷과 장화를 빌려 입기 시작했다.

그때 한 인도인이 우리에게 넌지시 말을 걸었다.

그러자 친구는 당당하게 대답했다.

로탕패스에 도착하자마자 엄청난 강풍이 우리를 격렬하게 맞이했다.

인도라고 마냥
더운 건 아니니까
따뜻하게 입고 다녀!

도저히 안되겠다 싶어 모피 코트를 빌려 입었지만 묘하게도 주 고객층은 할머니들뿐이었다.

그때 함께 지프를 타고 왔던 인도인이 우리에게 넌지시 말을 걸었다.

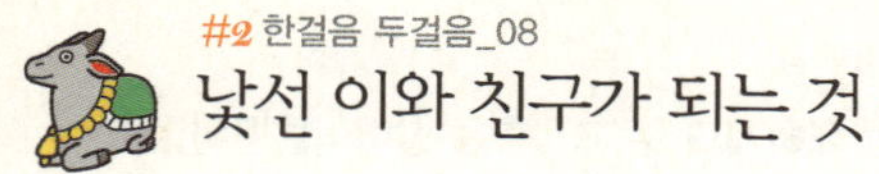

낯선 이와 친구가 되는 것

인도여행기를 그리다 보니 가끔 메일로 이렇게 묻는 분들이 있어서 답장을 보낸다.

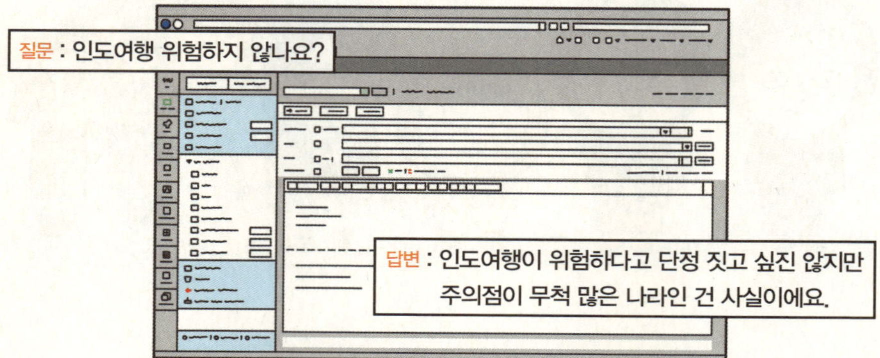

낯선 여행지에서 스스로 매사 조심해야 하는 건 두말 할 필요도 없다.
하지만 인도에서는 간혹 외국인을 겨냥해 상식을 벗어난 사건이 벌어질 때도 있다.

하루는 고아 주의 판짐Panjim이란 도시에서 늦은 오후에 혼자 시간을 보내고 있는데
어디선가 한 인도인이 다가와 호기심을 드러내며 이런저런 질문공세를 했다.

라씨 : 발효된 요구르트에 취향에 따라 여러 가지 과일을 함께 갈아 넣은 인도의 전통음료

그러자 그는 어디선가 바나나라씨 두 잔을 사오더니 한 잔을 불쑥 건넸다.

나는 뜬금없이 라씨를 권하는 그의 태도에 강한 경계심이 들기 시작했다.

짧은 순간이지만 갑자기 마음속에서 적색 경보가 울렸다.

그의 호의가 의심스러워진 나는 어떻게 거절해야 할지 머리를 굴렸지만
뾰족한 수가 떠오르지 않아 이렇게 대답할 수밖에 없었다.

라씨를 권할 수 없을 강력한 핑계로 그의 친절을 사양하니 미안하기도 했다.
그렇지만 그때로 다시금 돌아가도 똑같은 이유를 대며 거절할 것이다.

인도는 그간 우리가 보편적으로 여겨왔던 상식과 규칙이 통하는 나라가 아니다.
여행자가 지녀야 할 판단력과 융통성이 그 어느 곳보다 절실하다는 뜻이기도 하다.

그러던 어느 날, 나는 장장 40시간 동안 첸나이에서 조드푸르까지 가는 기차를 타게 되었다.

기차 등급은 3A였는데 차장과 승객을 제외한 잡상인과 거지는 함부로 드나들 수 없다.

내 좌석 칸에는 인도인 아저씨들이 둘러 앉았는데 그들은 모두 일행이었다.
우리는 말이 잘 통하지 않았지만, 무언의 눈빛과 손짓으로 의사소통을 하곤 했다.

곧 점심시간이 되자 아저씨들은 저마다 엄청난 크기의 도시락 뚜껑을 열더니
꼬깃꼬깃한 은박접시를 꺼내 브리야니와 사모사와 밑반찬을 똑같이 나누기 시작했다.

그리고 마지막 접시는 너무도 자연스럽게 내 몫으로 주어지는 게 아닌가!

모락모락 고소한 냄새가 풍기는 브리야니를 앞에 두고 나는 약 3초 간 고민했다.

208

하지만 딱히 거절할 이유도 없어서 후식인 스윗과 짜이까지 기쁜 마음으로 얻어먹었다.

얼떨결에 거하게 점심을 먹고 기차 통로로 나와 음악을 들으며 바깥 풍경을 보자니
뜻밖의 선물 같은 이 상황이 너무 재미있어서 미친 듯이 웃음이 새어나왔다.

그런데 며칠 뒤 친구에게 이 일을 얘기했더니 다짜고짜 나를 질책하는 게 아닌가.

그도 그럴 것이 인도를 안전히 여행하기 위해서는 이런 불문율이 있기 때문이다.

친근한 대화 몇 마디에 경계심이 느슨해져 상대방을 섣불리 믿게 될 수 있지만
모든 사람이 내게 좋은 의도를 가진 건 아니라는 사실도 반드시 명심해야 한다.

하지만 물을 흐리는 극히 소수의 미꾸라지 때문에 인도인 전체를 의심할 순 없는 노릇이다.

친구에게 따끔한 충고를 들은 뒤 의문이 생겼다.

아저씨들은 나보다 몇 정거장 일찍 내렸는데 가족들이 기차역에 마중 나와 있었다.

서로 반갑게 끌어안는 그들을 보니 갑자기 한국에 있는 내 가족과 친구들이 생각났다.

그때 밖에서 누군가 창문을 톡톡 두드렸다.
얼굴을 돌려보니 아저씨들이 환하게 웃으며 인사를 하고 있었다.

인도를 여행하는 내내 끊임없이 낯선 사람을 경계해야 했지만
타인과 교감할 마음을 여는 선택 또한 내 몫이었던 셈이다.

그로부터 며칠 뒤 델리로 가는 밤 기차를 탔는데 맞은편에 있던 한 인도인이 말했다.

한참 책을 읽다가 문득 고개를 들어보니 주변에 가방들만 잔뜩 있는 게 아닌가.

알고 보니 기차가 간이역에 잠시 정차한 틈에 사람들이 밖에서 바람을 쐬고 들어온 것이다.
처음 만난 외국인에게 가방을 부탁하고 모두가 자리를 비우다니 참 신선한 경험이었다.

그렇게 보면 애초에 여행이란 타인을 향한 믿음의 연속일지도 모르겠다.

상대방을 향한 신뢰와 의심 사이에서 균형을 잡으며 중립을 지켜야 하지만
관계의 생성은 내가 낯선 인도인을 믿는 것처럼 그들도 낯선 이방인을 믿어야 가능할 것이다.

상대방이 어떤 사람일지 가늠하고 판단을 내리는 건 매번 어렵게 느껴진다.
하지만 수백 명의 사람 중 누군가와 친구가 될 좋은 촉이 올 때의 짜릿함이란!

우리가 공유한 공간감

인도여행을 가기 전 다짐했던 것 중 하나는 쇼핑, 맥도날드, 인터넷 등
한국에서 누려 왔던 모험이 필요없는 익숙한 소비를 최대한 줄이자는 것이었다.

은연중에 나와 관심사가 비슷한 사람, 의견이 같은 사람만 편애해 왔던 내게 있어서
때로 인도에서 누군가와 일행이 된다는 건 색다른 시선을 갖는 계기가 되기도 했다.

ഇവിടെ
ചവറുകളിടരുത്

어느 날 함피Hampi라는 작은 마을에서 일행과 놀다가 음료수를 사러 슈퍼에 다녀오기로 했다.

우리가 머문 숙소에서 슈퍼까지 가는 짧은 길은 그야말로 암흑 그 자체였다.

바로 코앞의 친구 얼굴도 보이지 않을 정도였는데 큰길로 나와도 사정은 별반 다르지 않았다.

음료수를 사서 숙소로 돌아오던 중 한 외국인이 우리 앞을 황급히 지나가자 친구가 말했다.

우리는 걸음을 잠깐 멈추고 그 사람이 사라질 때까지 뒤에서 지켜보며 길을 비춰주었다.
개구쟁이라고만 생각했던 친구가 생각지도 못한 배려를 드러내는 모습이 꽤 인상 깊었다.

한번은 뉴잘패구리라는 도시에서 바라나시로 향하는 기차를 일행과 함께 기다린 적이 있다.
우리는 역을 가로지르는 높은 육교 위에 서서 그곳을 오가는 기다란 기차 행렬을 내려다봤다.

나는 기차를 기다리는 동안 이 시간이 앞으로도 오랫동안 기억될 것 같다는 예감이 들었다.

육교 밑에는 서너 명의 남자아이들이 물구나무를 서며 놀고 있었는데
내가 낭만에 빠진 동안 친구는 내내 그 아이들을 신경 쓰고 있었던 것이다.

기차를 기다리는 몇 시간 동안 우리는 같은 공간 속에서 각자 수많은 생각들을 했다.

그때 내가 느꼈던 건, 일행으로서 공간과 시간을
함께 공유하면서도 각자 사적인 시간을 보낼 수 있다는 것이었다.

나는 평소 말이 없는 편이어서 인도에서 새로운 사람들을 만날 때마다
이런 내 성격이 나를 대하는 이들을 불편하게 만드는 건 아닌지 신경 쓰이곤 했다.

마침 생각나는 여행자가 있는데
타밀나두 주의 언덕마을인
우띠Ooty에서 만난 친구이다.

우리는 함께 여행하는 동안 각자 산만히 굴다가도
흥미로운 걸 발견하면 자연스레 하나의 주제로 옮겨가곤 했다.

일부러 왁자지껄하려 노력하지 않아도, 침묵이 불편하지 않은 관계를 경험할 수 있었다.

여행이 흥미로운 이유 중 하나는 타인의 성향에 따라 내가 매번 다르게 투영된다는 것이다.
결국 어떤 일행을 만나느냐에 따라 여행의 성격과 시선의 폭이 굉장히 달라지기 마련이다.

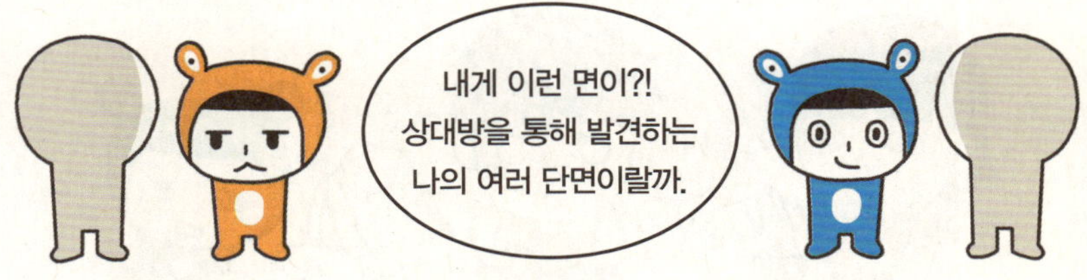

안타깝게도 자신의 취향, 습관, 의견을 다른 이에게 결코 양보하지 않던 여행자들도 있었다.
인도를 좋아할 수 없었던 그들은 다른 부수적 요소에서 만족을 얻으려 했지만 녹록치 않았다.

코리앤더(고수) : 미나리과의 풀. 인도음식에 많이 사용되고 향이 강하다.

한 여행자가 성장하는 계기는 낯선 환경 속에서 타인과의 마주침을 통해 이뤄진다.
누군가의 편협함은 본인에겐 타당할지 몰라도 다른 일행에게 불편을 끼칠 수도 있다.

가장 좋은 일행이란 인도의 환경과 타인의 취향에 배타적이지 않은 사람인지도 모르겠다.
인도에서 만난 여행자들은 평범했지만, 때론 내게 소재와 영감을 주고 상상력을 확장시켰다.

함께 여행했기 때문에 더욱 각별히 기억되는 시간이라면 그것은 축복일 것이다.
인도의 풍경만큼이나 살아있는 사람의 잔상 역시 그에 못지않게 아름다웠을 테니.

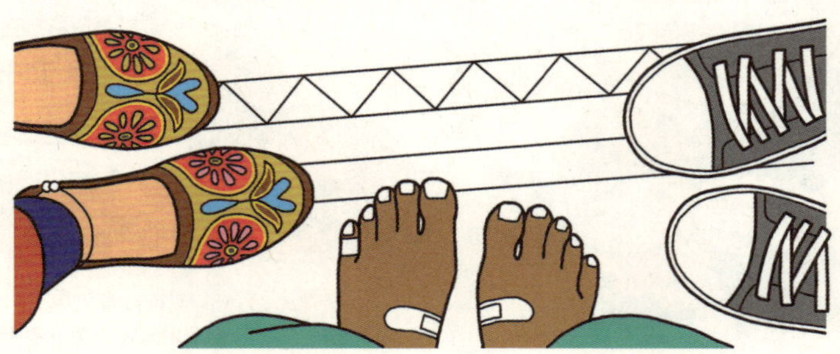

조드푸르의 메헤랑가드 요새

사진 배달 왔습니다!

과거 인도는 유럽의 여러 나라로부터 침략을 받아
건축과 생활, 문화 등 많은 부분에서 영향을 받았다.

케랄라 주의 항구도시인 코치Kochi 역시 포르투갈, 네덜란드, 영국의 지배를 받았던
해상무역의 중개지로 거리 곳곳에는 그 시절의 흔적이 많이 남아 있다.

여러 섬으로 이루어진 코치는 선착장에서 2.5루피에 표를 끊고 각각의 섬들을 오갈 수 있다.

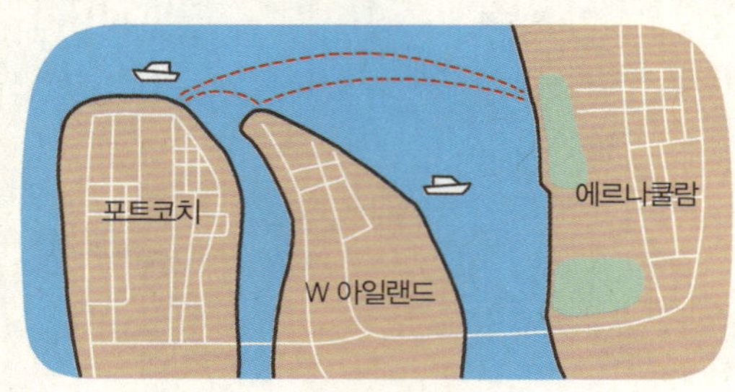

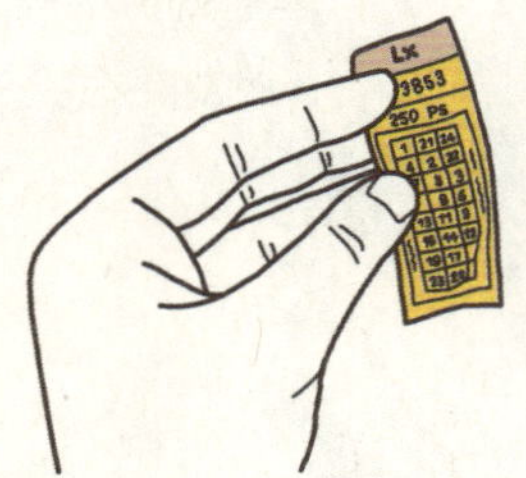

ERNAKULAM BOAT JETTY
TOURIST BOAT OPERATORS
ASSOCIATION

서정적인 풍경과 친절한 사람들에 반한 나는 금세 코치에 매료되고 말았다.

코치에 도착한 첫날 재래시장에 갔는데 채소와 생선을 파는 상인들로부터 환대를 받았다.

아저씨들은 적극적으로 자세를 취하며 저마다 모델이 되기를 자처했다.
사진 찍히는 걸 즐거워하는 인도인들은 여행자 입장에선 언제나 재미있는 일이다.

그때 한 아저씨가 종이에 주소를 적더니 사진을 꼭 보내달라며 내게 신신당부했다.

하지만 나는 한국에서 인도의 이 작은 시장까지 사진이 제대로 배송될지 확신이 서지 않았다.

주소가 적힌 종이를 내 손에 쥐어주며 잔뜩 기대하는 아저씨에게 대답할 수밖에 없었다.

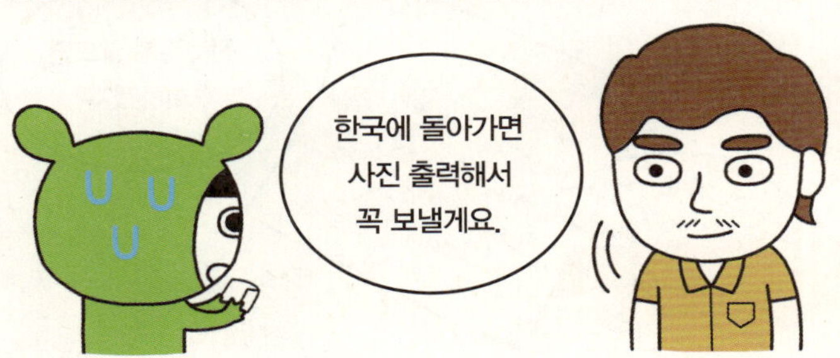

그날 오후 숙소로 돌아와 다른 방법이 있지 않을까 곰곰이 생각해 봤다.

하지만 어딘지도 모를 사진관을 찾아 인화하고 시장까지 되돌아가는 건
나 같은 게으름뱅이 여행자에겐 정말이지 너무 귀찮은 일이 아닌가!

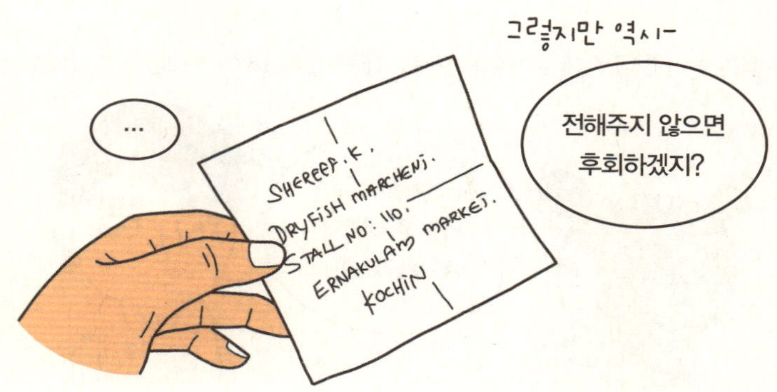

결국 아저씨들의 모습이 자꾸만 눈에 밟혀 숙소를 나와 헤매다가 사진관을 찾아냈다.

출력할 사진들을 고른 뒤 아저씨가 포토샵으로 사진을 보정하는 것도 구경했다.

다음날 사진관에서 사진을 찾았는데 직접 전해 줄 생각을 하니 엄청 쑥스러웠다.

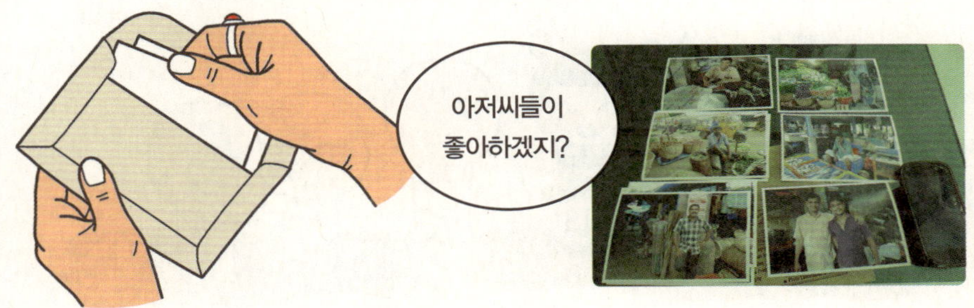

둘레둘레 열심히 걸어 시장에 다시 찾아갔더니 아저씨들이 깜짝 놀라며 기뻐했다.

별것 아니라 여겼던 사소한 행동 하나에 잊지 못할 추억이 생겼다!

세심히 신경 쓰지 않으면 놓치기 쉽지만, 만족과 기쁨을 얻으려는
아주 사소한 노력이야말로 어제보다 오늘을 더 좋아하게 되는 방법이 아닐까.

#3

인도의 계절

믿음이란 아직 어두운 새벽에 노래하는 새와 같은 것.
—타고르

가난해도 행복한 사람들?

인도에서 카메라를 들고 이리 기웃 저리 기웃 어슬렁대며
사진을 찍노라면 가끔 '내가 뭘 하는 거지?'라는 생각이 든다.

내가 겪은 인도는 한국과 별반 다르지 않은 평범한 사람들이 사는 한 나라일 뿐이었다.
어느 땐 여느 여행자들이 인도를 목가적인 풍경으로 포장하는 데 일조한다는 느낌도 든다.

나는 내심 궁금했다.

지나가던 한 인도인이 내 카메라에 환한 웃음을 보여줬다고 해서
내가 그 사람을 행복 또는 불행하다고 섣불리 해석할 수 있을까.

가끔 그런 여행자를 만날 때면 그가 관심 있는 건 오직 인도에서의 경험을
자신만의 가치관으로 풀어내 친구들에게 공감받고 싶어하는 것 같다는 생각이 들었다.

물질주의 세계에서 온 여행자들은 어딘가 비세속적으로 보이는 인도인의 생활을
소박한 평온이라 칭송하면서도 결코 그들의 삶을 닮으려 풍덩 뛰어들지는 않는다.

238

그렇다면 나 자신은 어떤 여행자일까.

언젠가 사진을 찍어달라 조르던 아이들이 뒤늦게 돈을 달라고 해서 화가 난 적이 있다.

그때 나는 가난한 상대가 아무 대가 없이 내게 친절을 베풀면 그것이 곧 그의 순수함이 되고
친절의 대가로 돈을 요구하면 그것을 상대의 타락으로 여겨 왔던 나의 얄궂은 마음을 깨달았다.

가끔은 나를 비롯한 많은 여행자들이 자신의 모험심과 동정심에 심취해
그걸 과시하느라 애꿎은 인도인들을 이용하고 있는 것은 아닌지 의문이 든다.

생활의 달인… "인도인들은 뭐든 다 파네!" 일행이 별안간 탄성을 내뱉었다. 맞은편에 한 남자가 앞에 체중계를 두고 앉아 있었는데 그의 직업은 '몸무게를 재는 것'이었다. 그가 파는 건 손님들의 몸무게였던 것이다. 인도는 가히 달인의 세계라 할 정도로 다양한 직업의 사람들이 거리에서 속속 등장한다. 개중에는 버스 차장이나 골동품 수리상 등 한국에서 사라진 직업도 있고, 몸무게를 재는 사람과 귀 청소를 해주는 사람 등 생전 듣도 보도 못한 직업군도 있다. 잠시 머물다 가는 여행자인 내가 인도에서 할 수 있었던 건, 뜯어진 슬리퍼를 거리의 수선공에게 맡기거나 귀 청소를 해주는 사람에게 재미 반 호기심 반으로 귀를 맡기는 등 그들의 생활 방식을 체험하는 것뿐이었다.

당신과 나의 50년

여행을 오기 전 인도 최대의 경제 도시라는 뭄바이에 관한 다큐멘터리를 본 적이 있다.

높은 빌딩과 유럽풍 건물이 즐비한 도시의 이면에
도비가트Dhobi Ghat라 불리는 거대한 빨래터가 등장했다.

어린 소년부터 백발의 노인에 이르기까지
빨래가 생업인 사람들이 온종일 그곳에 모여 일을 분담하고 있었다.

뭄바이 Mumbai

마하라슈트라 주의 주도인 뭄바이. 옛 이름은 봄베이이다. 뭄바이의 도심부는 차라리 유럽이라 불러도 될 정도로 그 외관과 정서가 인도의 다른 곳과는 많이 다르다. 국제무역항과 국제 공항이 있는 뭄바이는 인도에서 손꼽히는 대도시이지만, 도시 외곽으로 밀려난 압도적 규모의 빈민가가 존재하는 동전 같은 양면성도 보인다.

대니 보일 감독의 할리우드 영화 〈슬럼독 밀리어네어〉는 뭄바이 빈민가에서 태어난 18세의 자말이 수억의 상금이 걸린 퀴즈쇼를 통해 도시 빈민으로 살아 온 자신의 인생을 되짚고 사랑을 쟁취하는 험난한 과정을 그린다. 주인공들의 어린 시절은 뭄바이의 실제 빈민가인 다라비(Dharavi)에 거주하는 아이들이 캐스팅되어 열연했다. 영화에서는 종교와 권력과 부를 둘러싼 뭄바이의 표리부동한 모순이 그려지는데 바로 이것이 인도의 한 단면이기도 하다.

나는 뭄바이의 도비가트에 호기심이 생겼다.

뭄바이에 도착해 제일 먼저 찾아간 곳은 도비가트가 있다는 마하락쉬미 역이었다.
역에 도착해 출구로 나와서 모퉁이를 돌자 바로 그곳에 그들의 삶이 펼쳐져 있었다.

나는 갑자기 심한 현기증을 느꼈다.

무섭게 성장하는 도시의 속도를 전혀 따라가지 못한 시간이 멈춘 곳, 도비가트.
수많은 사람들이 혼탁한 양잿물에 온몸을 적셔 가며 빨래를 털고 있었다.

다리 위에 서서 관광상품처럼 저들을 내려다보는 나 자신이 한없이 오만하게 느껴졌다.

이곳은 한낱 관광지로 치부될 곳이 아니었다.
삶의 현장에서 땀이 흐르는 누군가의 인생이 아닌가!

다큐멘터리에 나왔던 소년은 아주 어릴 적부터
아버지의 뒤를 따라 도비왈라로 사는 삶이 주어졌다.

도비왈라 : 인도에서 빨래를 생업으로 살아가는 사람

소년의 옆에는 백발이 성성한 노인이 숨을 몰아쉬며 쉬지 않고 빨래를 하고 있었다.

인도의 가장 낮고 어두운 곳에서 거대한 톱니바퀴처럼 서로의 인생이 맞물린 사람들.
나는 직접 뭄바이에 오고 나서야 소년의 눈에 가득했던 체념을 비로소 이해할 수 있었다.

그가 보고 자랄 주변의 모든 어른이 이미 오래전부터 그렇게 살아왔기 때문이다.

하지만 나 역시 나만의 잣대로 타인의 처지를 재단하는 오류를 범하는 건 아닌지…

도비가트 너머의 건물들은 해마다 높아져만 간다

도비가트를 벗어나 뭄바이 중심부를 둘러볼수록 그 괴리감은 더욱 크게 느껴졌다.

게다가 나는 그들과 나의 환경을 은연중에 비교하며 내게 주어진 혜택에 내심 안심했다.

빨간 풍선과 빨간 자동차

7월의 콜카타, 숙소의 꿉꿉한 공기를 못 견딘 나는 일행과 함께 밤거리로 뛰쳐나왔다.
거리를 걷다 보니 귀여운 장난감이 진열된 장난감가게가 눈에 들어왔다.

마침 한 부부가 아이들을 위한 선물인지 계산대에 장난감을 가득 쌓고 있었다.

그때 내가 본 것이
단순히 그뿐이었다면
그 장면은 금세 잊었을 것이다.

시선을 돌려 한 걸음 더 내딛는데 가게에서 새어나오는 빛이 닿지 않는 구석진 곳에서
지저분한 옷을 입은 두 아이가 웅크리고 앉아 사람들에게 손을 내밀고 있었다.

꼬물꼬물한 작은 손으로 구걸이 아닌 풍선을 팔던 그 아이들은 아주 어린 풍선장수였다.

어둠 속에서 오직 그 풍선만이 주변의 빛을 받아 새빨갛고 영롱히 빛나고 있었다.
그때 난 콜카타의 낯선 거리에서 노골적이고 극명한 인도의 한 단면을 보게 된 것이다.

콜카타의 그 풍선장수 아이들은, 한 달 전 뭄바이에서 봤던 장면을 떠올리게 했다.

땅거미 지고 가로등이 켜질 무렵 마린 드라이브의 방파제에 자리를 잡고 앉았다.
마침 그곳은 하루를 마무리하며 바닷바람을 쐬러 나온 인도인들로 북적였다.

마린 드라이브 : 뭄바이에서 여러 은행과 증권사가 즐비한 금융 중심지인 '나리만 포인트'와 볼리우드 배우 등 최상
류층이 거주하는 고급 주택가인 '말라바 힐'을 연결하는 해안도로.

나는 까만 밤바다의 수면 위로 반딧불처럼 명멸하는 거대한 도시를 바라보고 있었다.

뭄바이의 석양

문득, 이곳에서 산책을 즐기는 사람들의 표정과 복장을 유심히 살펴봤는데
낮에 도시 외곽에서 봤던 검고 깡마른 사람들과는 무척 다르게 보였다.

그때 마침 승용차 한 대에서 젊은 부부가 내리더니 트렁크에서
커다란 빨간색 장난감 자동차를 꺼내 아이를 태워 놀게 했다.

산책 나온 사람들은 한결같이 허리는 꼿꼿하고 풍채가 당당한데다 행동에 거리낌이 없었다.
한 끼의 배부른 식사를 위해 삶의 다른 많은 걸 포기해야 하는 도시 빈민으로는 보이지 않았다.

콜카타에서 아이들이 팔던 빨간 풍선과
뭄바이에서 한 아이가 타고 놀던 빨간 장난감 자동차.

너무도 극단적인 두 삶이 한 장면에 들어오니
차라리 이 모든 게 현실이 아닌 절묘하게 꾸며진 한 편의 상황극처럼 느껴졌다.

고백하자면, 나는 그들을 연극의 한 장면처럼 멀리서 관망했을 뿐이다.

고작 몇 개월 지낸 이방인의 입장에서 인도의 모든 걸 명확히 볼 순 없겠지만
가끔은 여행자의 호기심 어린 시선이 오히려 날것의 세상을 본다는 기분이 들었다.

वक्रतुण्ड महाकाय सूर्यकोटिसमप्रभ।
निर्विघ्नं कुरु मे देव सर्वकार्येषु सर्वदा।।

소년의 사적인 시간

남서부의 고아 주는 주도인 파나지를 비롯해 올드고아와 여러 해변으로 이루어져 있다.
고아Goa에서는 스쿠터를 대여할 수 있는데 각각의 해변을 오가는 편리한 교통수단이 된다.

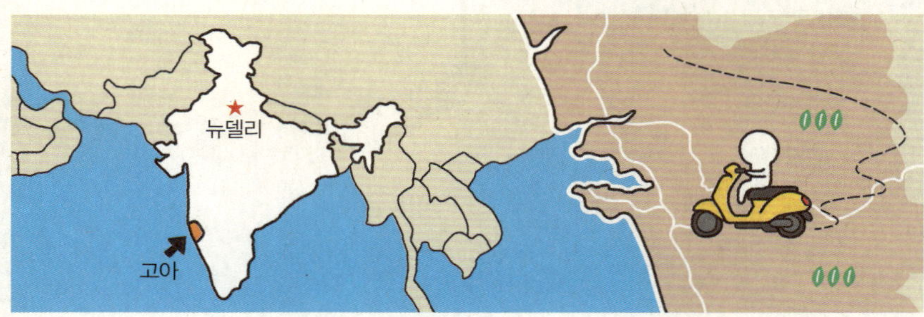

인도에는 유명한 해변이 몇 군데 있는데 석양이 아름다운 안주나 해변도 그중 한 곳이다.
우리는 스쿠터 한 대를 대여해 해변과 숙소를 오가며 유난히 빨빨거리고 돌아다녔다.

하루는 공터를 달리다가 바퀴가 돌부리에 걸려 팅기는 바람에 엉망으로 넘어지고 말았다.

두 눈에 별이 번쩍할 정도로 턱을 땅에 부딪히고 그 충격으로 어안이 벙벙!
정신을 못 차리고 있는데 어디선가 다다다다 하는 요란한 발소리가 들려왔다.

놀랍게도 인적도 없이 한산했던 그곳에 어느새 인도인들이 잔뜩 모여들었다.

흙투성이가 된 두 외국인을 보고
놀라서 웅성웅성하던 사람들은
우리를 대신해 스쿠터를 세워줬다.

그리고 귀에 딱지가 앉도록 주의를 시켰다.

그때 나는 인도인들의 걱정스러운 시선에서 긴말을 나누지 않아도 통하는 마음을 느꼈다.

엉덩이가 얼얼한 와중에도
그 상황이 아주 유쾌해졌고
급기야 웃음이 빵! 터지고 말았다.

스쿠터를 타다가 요란하게 넘어지고 해변을 쏘다니다가 어깨가 새빨갛게 되는 등
탈도 많고 일도 많았던 안주나. 우리가 머물던 숙소는 인도인 가족이 운영하는 곳이었다.

그곳엔 앳된 한 소년이 있었다.

나는 처음엔 그들 모두가 한가족인 줄 알았지만 점점 시간이 지날수록 의아해졌다.
가족들이 집안 어딘가에서 사적인 행동을 하는 동안 소년은 항상 다른 곳에 있었기 때문이다.

아이는 언제나 마당의 작은 나무를 옮겨 심거나 할머니의 손끝이 가리키는 물건을 정리했다.
또 손님이 오면 제일 먼저 마중을 나가 짐을 받거나 우물에서 열심히 물을 길어올리곤 했다.

도무지 이해할 수 없었다.

한 번은 뒷마당에서 인기척이 들려 주위를 둘러보니 좁은 방에서 그 아이가 낮잠을 자고 있었다.
내가 처음 본 소년의 사적인 시간이었다. 나는 행여 방해될까 봐 발소리를 죽이고 지나갔다.

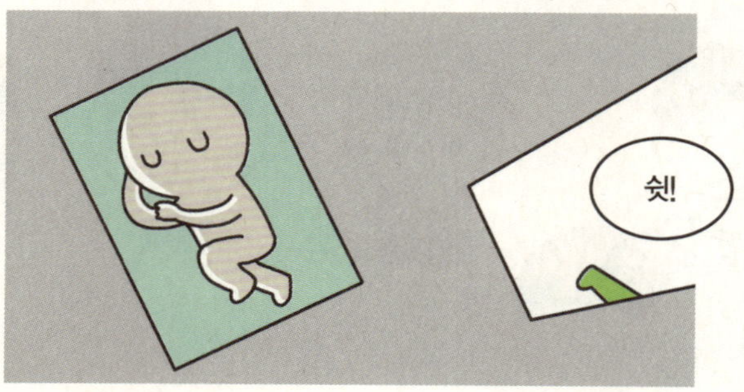

그러던 어느 날, 휘적휘적 골목길을 걷다가 마침 길에서 강아지와 놀고 있던 소년과 마주쳤다.

이상한 기분이 들었다.

인도는 어딜 가나 아이들이 일하는 모습을 볼 수 있지만
고사리손의 노동을 당연시하긴 힘들다.

겉으로 드러난 결핍이 아이로서의 순수함을 해치지 않길 바라는 건 무리겠지만
아무 의심 없는 묵묵함과 성실함을 한 아이에게서 엿보게 될 때면

다음날 숙소를 떠나기 전 일을 하고 있던 그 아이에게 말을 걸었다.

왜소하고 앳돼 보여서 훨씬 어린 줄 알았는데 나이를 듣고 깜짝 놀랐다.
수많은 가능성이 잠재된 어여쁜 나이, 열아홉. 앞으로 소년에겐 어떤 길이 펼쳐질까.

고아에서 버스를 타고 밤새도록 10시간이 넘게 달려야 도착하는 곳, 함피.
그곳에서 왁자하게 골목을 누비는 아이들을 보면 고아에 있던 그 소년이 다시금 생각날 것이다.

폰디체리에는 동물원이 없다!

인도 남동부의 폰디체리Pondicherry라는 작은 도시를 처음 알게 된 것은
고등학생 때 읽었던 얀 마텔의 소설 《파이 이야기》이다.

캐나다 작가인 얀 마텔은 소설을 구상하며 인도를 여행하던 중 폰디체리에 도착한다.

그곳의 한 식당에서 백발의 인도인을 만나게 되는데 그가 의미심장한 말을 하는 것이다.

곧 그들은 커피 두 잔을 사이에 두고 진지하게 대화를 나누기 시작했다.

노인의 이야기를 들은 얀 마텔은 캐나다로 돌아가
어릴 적 폰디체리에 살았던 한 인도인을 찾아낸다.

《파이 이야기》는 16살의 인도 소년 파이와 벵골호랑이 리처드 파커의
227일 간의 태평양 표류기이다.

*소설 《파이 이야기》는 이안 감독의 〈라이프 오브 파이〉라는 영화로도 만들어졌다.

파이는 사람과 동물에 대한 호기심이 풍부하고 모든 종교의 신앙심이 두터운 소년이다.

파이의 아버지는 동물원을 운영했는데 어린 파이에게 그곳은 그야말로 지상낙원이었다.

어린 파이는 동물원의 모든 동물들과 교감하며 자연스럽게 그들의 세계를 이해하게 된다.

இரத்த
110
ஆப்பிள்
100/70

그러던 어느 날, 파이의 가족들은 동물원 사업을 청산하고 캐나다로 이민을 가게 된다.
하지만 태평양을 건너던 화물선은 뜻밖의 폭풍우를 만나 바닷속으로 침몰하고 만다.

낯선 곳에 대한 기대감으로 부푼 마음이 실현되기도 전에 사랑하는 가족을 모두 잃게 된 파이.
망망대해에서 보트 하나에 간신히 살아남게 된 일행이라곤 벵골호랑이 한 마리뿐이었다.

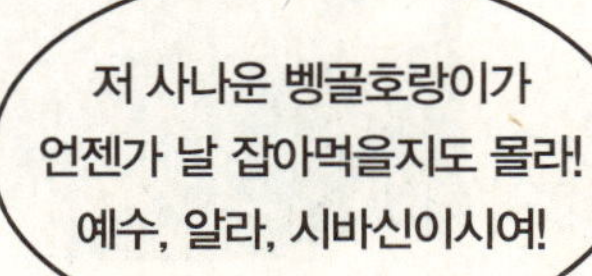

리처드 파커…
우린 죽게 될 거야…!

나는 폰디체리에 직접 찾아갈 정도로 《파이 이야기》에 완전히 매료되고 말았다.

당시 나는 탄자부르라는 도시에서 폰디체리까지 버스를 타고 이동하기로 했는데
탄자부르 정류장에서 기사 아저씨가 내가 가야 할 경로를 종이에 적어주셨다.

인도 남부를 여행할 땐 기차보다 버스를 이용하는 일이 잦았는데
도시의 지명이 익숙치 않아 이동할 때 종종 손바닥에 적어두곤 했다.

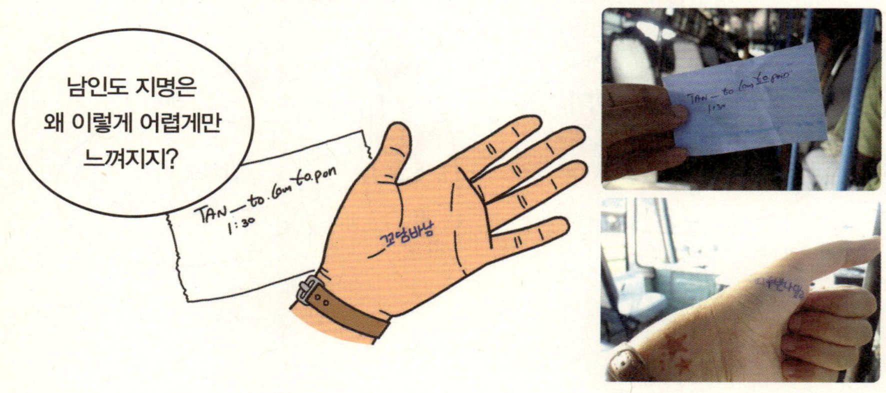

폰디체리에 가는 다섯 시간 동안 옆자리 꼬맹이와 한국음악을 함께 들었다.
막연히 꿈꾸던 곳을 마침내 직접 찾아가게 되었으니 묘한 감흥이 밀려왔다.

그렇게 늦은 오후가 되어서야 마침내 폰디체리에 도착했다.
나는 숙소에 도착하자마자 배낭을 던져 두고 곧바로 해변으로 뛰쳐나왔다.

그로부터 몇 시간 뒤 숙소로 돌아왔는데 한국에 있는 친구로부터 문자가 왔다.

놀랍게도 내일 당장이라도 이곳을 떠나고 싶어졌으니
폰디체리의 첫인상이 내게 그리 좋지만은 않았던 셈이다.

폰디체리는 크게 세 구역으로 나눌 수 있다.
벵골 만과 맞닿은 드넓은 해안가는 저녁마다 산책하는 사람들로 북적인다.

과거 프랑스의 지배를 받으며 구획됐던 거리는 해안가의 깔끔한 식당과 카페, 상점으로 남아 있다.

관광객이 북적이는 해안가를 벗어나면 시끄럽고 번잡한 인도의 전형적인 거리를 볼 수 있다.

《파이 이야기》를 읽고 폰디체리에 왔지만 사실 나는 어디서도 파이의 흔적을 찾을 수 없었다.

폰디체리는 귀여운 지명만큼이나 아름답고 사랑스러운 도시인 건 분명했다.
그렇지만 이곳에서 휴양을 만끽하는 외국인들과 무심히 내 옆을 지나치는 시민들에게선

소설 속 파이가 세상을 향해 갈구했던 모험과 호기심을 선뜻 품기 어려웠던 것이다.

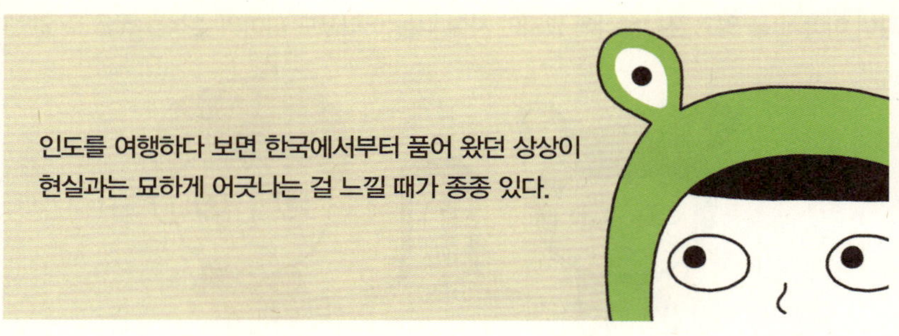

예를 들어 다큐멘터리만을 보고 고즈넉한 어촌을 상상하며 찾아갔던 케랄라 주의 코치는
어망을 걷어내는 어부의 삶도 있었지만 함선이 지나는 거대한 무역 현장이기도 했다.

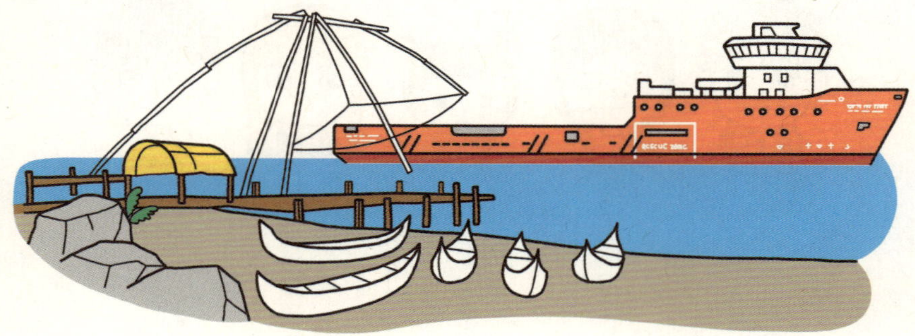

나는 인도의 풍경을 타인에게 전달할 때 내용을 선정하는 기준에 의문이 생겼다.

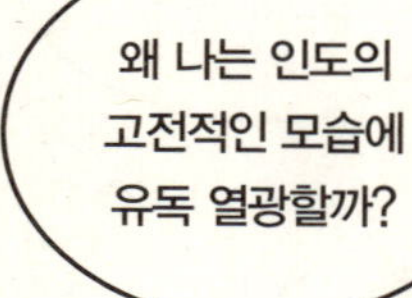

폰디체리의 첫인상이 기대와 달랐기 때문에 그날 저녁 혼란스러운 기분에 휩싸였다.
애초에 이곳에서 내가 보려던 풍경이 무엇이었는지 곰곰이 생각해 볼 필요가 있었다.

그리하여 다음날 아침 일찍 숙소를 나섰다.

마침 프랑스인 숙소 주인과 마주쳤는데 그는 자전거에 갓 구운 바게트를 싣고 있었다.
'바게트를 자전거에 싣고 달리는 프랑스인'은 인도에선 오직 폰디체리에서만 볼 수 있는 풍경이었다.

도시의 꽃을 발견하기 위한 마음의 여유를 갖는 가장 쉽고도 평범했던 방법은
그곳의 모든 사원과 거리에서 나와 다른 방식으로 사는 사람들을 지켜보는 일이었다.

폰디체리의 시장을 둘러볼수록 사방에서 흥정이 오가며
사람들이 꽉꽉 밀고 들어오는 이 공간이 재미있게 느껴지기 시작했다.

저녁마다 공원의 노을 지는 놀이터에 앉아 부모와 아이들이 노는 모습을 지켜보곤 했는데
문득 폰디체리는 내 여행만을 위해 특별히 준비된 무대와 배우가 아니라는 생각이 들었다.

여행을 떠나기 전엔 흔히 책과 영화를 통해 미지의 인도에 대한 환상을 품는다.
하지만 그러한 매체가 보여준 포착을 그곳의 전체라 굳게 믿는 과오를 저질러선 안 된다.

다큐멘터리에서 작은 어촌으로 소개된 코치는 사실 리조트와 대형 백화점이 즐비했다.
카메라는 촬영하고 싶은 모습, 시청자에게 보여주고 싶은 모습만 담았던 것이다.

폰디체리가 제법 좋았다고 말할 수 있게 되었으니 이젠 새삼 궁금해진다.

 인도의 주택가를 걷다 보면 대문 앞에 기하학적인 문양이 그려져 있는 걸 종종 볼 수 있다. 이것은 흔히 랑골리라 부르는 생활예술인데 지역에 따라 콜람(타밀나두), 초크푸라나(우타르프라데시), 만다나(라자스탄), 아리파나(비하르), 무굴루(안드라프라데시), 푸칼람(케랄라), 랑가벨리(카르나타카) 등으로 불린다. 랑골리는 흰색 모래나 분필로 정교하게 밑그림을 그린 뒤, 그 위에 빨강, 노랑, 파랑, 초록색 등 원색적인 모래로 면을 채운다. 꽃과 나뭇잎으로 장식하는 경우도 있다. 매일 아침마다 집안의 여성들에 의해 점, 선, 도형, 발자국, 연꽃, 공작, 앵무새 등의 다양한 패턴으로 표현되는 랑골리는 가정의 평화를 기원하고 그날의 방문객을 환영한다는 의미이다.

오로빌Auroville

폰디체리 근교에 있는 다국적 공동체. 관람객은 마을 내에서 돌아볼 수 있는 곳이 한정되어 있다.

인도에서 여자로 산다는 것

인도의 땅끝 마을 깐야꾸마리로 가는 기차 안에서 한 인도인 남매가
내 배낭을 물끄러미 쳐다보더니 말을 걸었다.

남매의 반응은 내가 인도를 여행하면서 처음으로
여성의 입지에 대해 생각해 보는 계기가 되었다.

라자스탄 주의 조드푸르에 가면 도시 중심에 굳건히 세워져 있는 메헤랑가드 요새를 볼 수 있다.

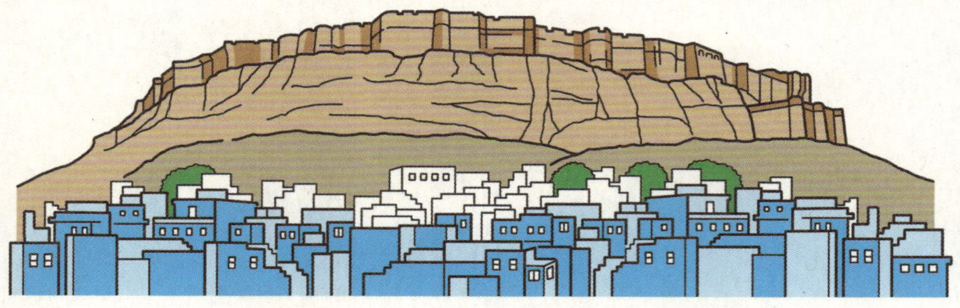

요새에 오르다 보면 손도장 모양의 이런 표식을 볼 수 있다.
과거 왕의 장례식 때 그의 아내들이 사띠를 했던 흔적이다.

사띠란 남편이 죽으면 시체를 화장하는 불에 아내가 몸을 던지는 힌두교의 전통 관습이다.
사띠를 할 경우 그 아내와 가문은 남편을 향한 정조와 헌신의 상징으로 추앙받아 신격화된다.

라마의 일대기라는 뜻의 《라마야나》는 힌두교인들의 삶과 정서를 이루는 고전 서사시인데
부모, 남편, 자식, 스승, 제자로서의 참된 도리와 함께 아내의 정조에 관한 내용이 나온다.

마왕 라바나에게 잡혀갔던 왕비 시타를 주인공인 라마가 구출한 후 아내의 순결을 의심하자
시타가 남편인 라마를 위해 스스로 분신을 행함으로써 당당히 결백을 주장한다는 것이다.

사띠는 이미 오래전에 폐지됐지만 그런 관습이 실제로 있었다는 사실 하나만으로도
남성 중심적 사회에서 인도 여성의 삶이 그다지 녹록치 않았다는 걸 알 수 있었다.

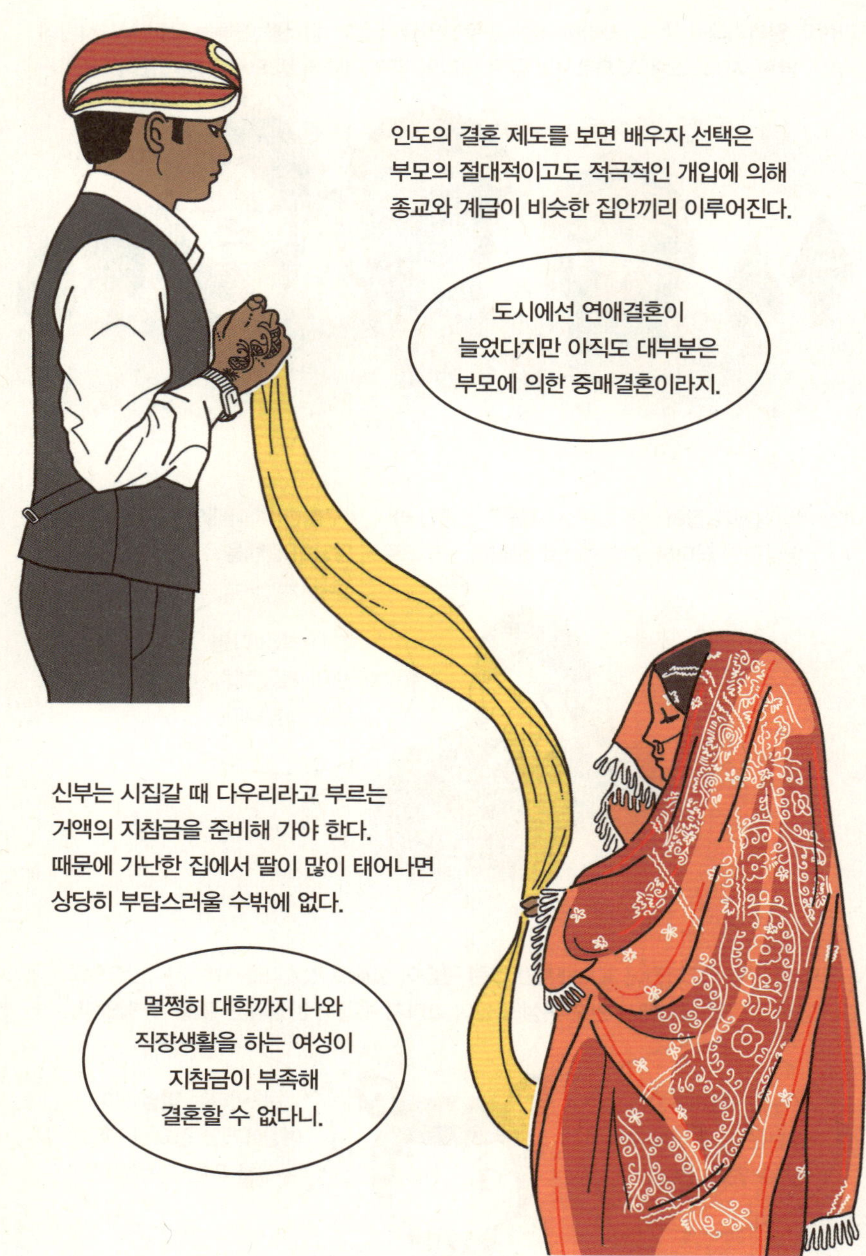

인도의 결혼 제도를 보면 배우자 선택은
부모의 절대적이고도 적극적인 개입에 의해
종교와 계급이 비슷한 집안끼리 이루어진다.

도시에선 연애결혼이
늘었다지만 아직도 대부분은
부모에 의한 중매결혼이라지.

신부는 시집갈 때 다우리라고 부르는
거액의 지참금을 준비해 가야 한다.
때문에 가난한 집에서 딸이 많이 태어나면
상당히 부담스러울 수밖에 없다.

멀쩡히 대학까지 나와
직장생활을 하는 여성이
지참금이 부족해
결혼할 수 없다니.

하루는 길에서 낡은 천으로 천막을 치고 바닥에 식기를 늘어놓고 사는 사람들을 봤다.
아내가 남편에게 식사를 챙겨준 뒤 정작 자신은 사리로 얼굴을 가리고 밥을 먹고 있었다.

콜카타에서 젊은 여성의 사리 입은 모습에 반해 사진을 찍어도 되냐고 다가간 적이 있다.
그녀는 내가 허락을 구하자 대답 대신 남편을 바라봤다.

카주라호의 자이나교 사원에서 만났던 여성은 내가 카메라를 내밀며 허락을 구하자
생긋 웃으며 흔쾌히 수락했다. 그녀의 자율적인 태도가 꽤 매력적으로 다가왔다.

인도 여성의 전통 의상은 종교와 지역, 신분에 따라 차이가 많이 난다.

펀자비 : 오르니(숄), 꾸르따(상의), 긴 바지로 된 펀자비는 제법 활동성이 좋아서 여행자들도 즐겨 입는다.
가그라 : 주름 많고 통 넓은 치마에 자수가 놓인 가그라는 라자스탄 등 사막지대에서 많이 입는다.
부르카 : 남편을 제외한 외간 남자로부터 철저히 몸을 감추기 위한 무슬림 여성의 겉옷.

바느질하지 않은 기다란 천으로 된 사리는 현란한 색감에 고혹적 자태를 풍긴다.
안에는 초리라 불리는 짧은 블라우스를 입고 갖가지 장신구로 아름다움을 더한다.

신두르 : 인도 여성들이 미간에 찍는 붉은 점. 요즘엔 다양한 모양의 스티커로 된 빈디를 붙이기도 한다.
이마의 가르마부터 정수리까지 붉은 선을 그린 여성들도 있는데 결혼한 유부녀라는 뜻이다.

자신을 위한 그 어떤 아름다움도 허용되지 않는 여자들이 있는데 바로 인도의 과부이다.
영화 〈아쉬람〉은 1938년 바라나시에서 사회로부터 격리되어 살아가는 과부들의 삶을 그렸다.

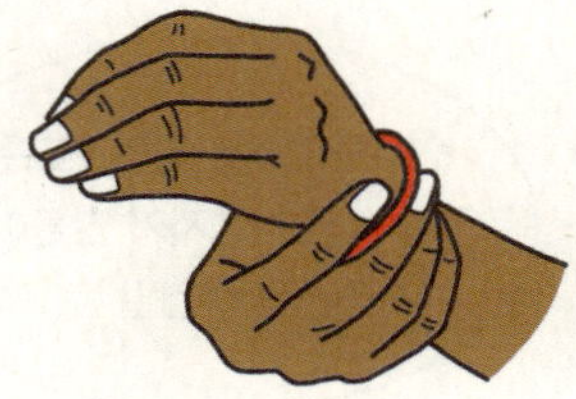

영화에서 고령의 남편이 죽자
어린 아내의 팔찌를 깨는 장면이 나오는데
남편의 부재로 인해 더 이상 한 사람의 여자로서
치장할 수 없게 되었다는 걸 단적으로 보여준다.

그 시절의 인도 여성은 남편이 죽으면 외압에 의해 사띠를 하고 남편의 뒤를 따르거나
죽을 때까지 재혼이 금지된 채 미망인의 집에서 속죄하며 숨어 살아야 했다.

과부의 인권을 다룬 이 영화를 찍을 당시 힌두교 원리주의자들의 반발이 거셌다니
힘없고 약한 사람들을 대하는 다수의 태도를 보면 그 사회를 알 수 있는 법이다.

외국인 여자로서 인도를 여행할 땐 많은 사람들로부터 끝없는 친절과 배려를 받았지만
사실 보수적이고 가난한 나라에서 여자아이로 태어난다는 건 꽤 가혹한 일인지도 모르겠다.

조드푸르 Jodhpur
푸른색으로 도색된 조드푸르 시가지와 메헤랑가드 요새

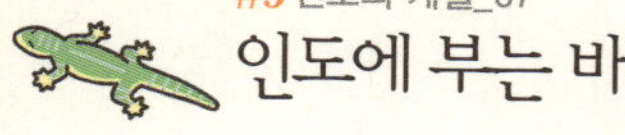

인도에 부는 바람

어느 날 콜카타에서 《Bhimayana》라는 제목의 독특한 그림이 그려진 책을 발견했다.
뒤늦게 알아보니 한국에도 《버려진 자들의 영웅》이라는 제목으로 번역 출간된 그림책이었다.

이야기의 주인공은
인도의 초대 법무장관이었던
빔라오 람지 암베드카르.

힌두교의 신분 중 하나인 불가촉천민으로 태어난 그가 자신과 형제들을 억누르는
사회의 차별에 맞서 인간의 존엄성을 찾기 위해 싸워나가는 내용을 담고 있다.

나는 인도여행을 준비하던 중 힌두교의 신분제도인 카스트를 알게 되었다.
힌두교도는 태어날 때부터 정해진 신분을 평생토록 자신의 존재 이유로 삼는다 했다.

직업에 따라 그 계급의 수는 셀 수 없이 많지만 크게 이렇게 나눌 수 있다.

그리고 그 어느 쪽에도 속하지 못하고 카스트의 바깥에 존재하는 사람들이 있다.

인도의 경제학자이자 교육자인 나렌드라 자다브의 《신도 버린 사람들》을 보면
인도에서 불가촉천민으로 살아간다는 것의 비참한 삶이 적나라하게 쓰여 있다.

그들은 마을에서 동물의 사체를 치우는 등 모두가 거부하는 더럽고 궂은일을 도맡아야 했다.
아무도 불가촉천민과 닿고 싶어하지 않았기 때문에 한 우물을 이용하는 것조차 금지당했다.

다른 사람과 같은 힌두교도임에도 개도 들어가는 사원에 불가촉천민은 들어갈 수 없었다.
기차 안에서 차장에 의해 가족이 밖으로 내동댕이쳐져도 하소연할 권리도 없었다.

이것은 '그들은 역경을 딛고 행복하게 살았습니다' 따위의 동화 속 이야기가 아니다.
인도의 수많은 사람들이 불가촉천민이라는 이유만으로 평생토록 감당했던 처절한 현실이었다.

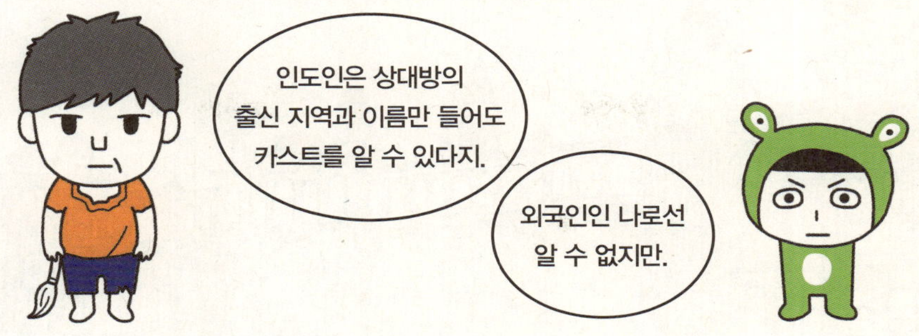

카스트에 의한 차별은 1947년에 법적으로 금지되었지만
수천 년 동안 생활에 깊이 박힌 의식은 아직도 인도에 서슬 퍼렇게 살아 있다.

카스트와 관련해 카르나타카 주의 마이소르Mysore에 갔을 때의 일이 생각난다.

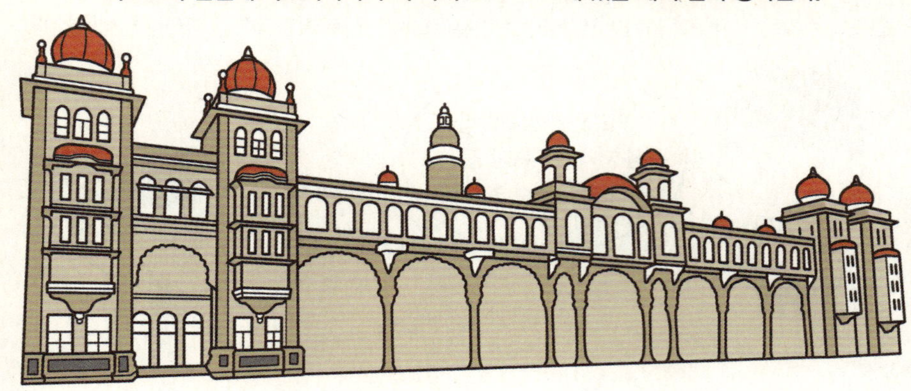

당시 나는 일정을 급하게 앞당겨
이틀 동안 기차를 갈아타며
마이소르에 갔었다.

그곳에 갔던 이유는 한 유치원에 벽화를 그리기 위해서였다.

그곳은 여러 선생님들이 장애를 가진 아이들에게 공부를 가르치고 있었다.

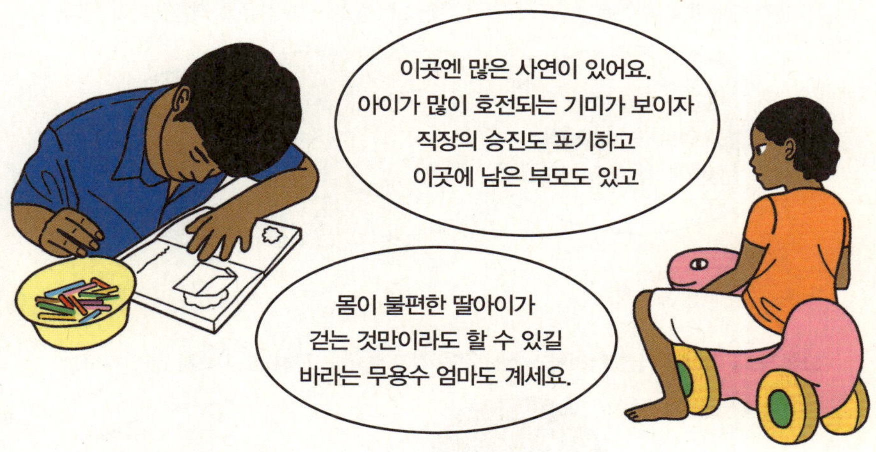

여유 있는 부모들은 아이를 직접 유치원에 데려와 입학시킬 수 있지만
빈민촌에 사는 아이들은 선생님들이 찾아가 부모를 설득하고 데려온다.

그렇게 되면 소위 힌두교의 카스트가 다른 아이들이 한방에 둘러앉아 공부하게 된다.
내가 이제까지 인도에서 목격한 풍경으로서는 결코 상상할 수 없는 일이었다.

유치원에서는 한 번씩 부모들을 초대해 긴밀한 대화를 나누는 시간을 갖는다.
이 과정에서 서로의 아픔을 공유하면서 자연스럽게 정서적 치유를 경험한다고 한다.

그렇게 내 아이가 다른 아이들과 장난감을 갖고 놀아도 전혀 신경 쓰지 않는 부모들.

국제뉴스란을 보면 인도는 여전히 카스트에 의한 흉흉한 차별과 갈등이 횡행한다.
그래서인지 마이소르의 한 작은 유치원에서 벌어지는 일들은 무척 감동적이었다.

1 마이소르의 유치원. 옥상에서 인도인들이 페인트칠을 하고 있다. 2 벽화를 그릴 때 사용했던 붓과 팔레트 3 유치원에 다니는 소년. 무엇을 그리고 있을까?

이름 뒤에 숨은 사랑

인도에서 돌아온 후 집 근처 도서관에 갔다가
니콜라이 고골의 단편소설 《외투》를 발견했다.

기억을 더듬어 보니 여행을 떠나기 전에 봤던 〈네임세이크〉라는 인도 영화에서
아버지인 아쇼크가 아들 고골리에게 선물한 책이었다.

어느 날 러시아의 말단 문관인 가난한 아카키예비치는
낡아서 더 입을 수 없게 된 외투를 버리고 새 외투를 사게 된다.

그는 초라한 외투를 걸치던 이전과는 사뭇 달라진 자신을 느낀다.
그동안 감히 상상도 못 했던 새로운 취향과 달콤한 욕망을 쫓기 시작한다.

하지만 광장 한복판에서 난데없이 나타난 강도에게 외투를 빼앗기고 만다.
욕망을 실현해 줄 외투를 잃어버린 절망감에 그의 정체성은 송두리째 흔들리는데…

〈네임세이크〉는 내가 이제껏 본 인도 영화 중 최고라고 꼽을 정도로 좋아하는 영화다.
1960년대 한 인도인 가족이 미국으로 이주해 겪는 갈등과 이해를 섬세히 그린 작품이다.

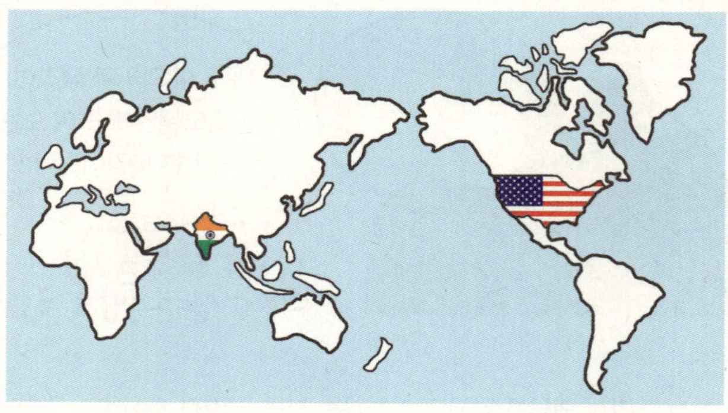

아쇼크는 같은 콜카타 출신인 아시마를 만나 인도에서 결혼식을 올린 뒤
함께 미국으로 건너가 조그마한 집을 얻고 신혼생활을 시작하게 된다.

일 년 뒤 아기가 태어나자 소설 《외투》의 작가 이름을 따서 고골리라고 이름을 짓는다.

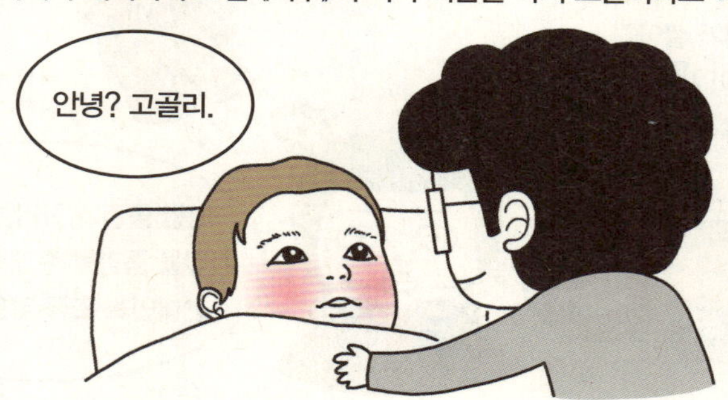

하지만 고골리는 친구들에게 놀림받기 일쑤인 자신의 이름이 항상 불만이었다.

닉킬로 개명하고 뉴욕에서 미국인 여자친구를 사귀며 일과 파티를 즐기는 고골리.
그는 인도와 부모로부터 이어진 혈통을 대수롭지 않게 여겨 자꾸만 벗어나려 든다.

고골리와의 거리감을 느낀 아쇼크는 어느 날 아들을 불러낸다.

1974년, 내가 아직 학생이었을 때야. 기차를 타고 할아버지 댁을 찾아가던 길이었어.
여행하는 동안 읽을 책을 한 권 갖고 갔었지. 그래, 맞아. 니콜라이 고골의 《외투》였어.

NIKOLAI
GOGOL
청년 시절의
아쇼크

맞은편에 앉아 있던 중년 남자와 친구가 됐는데 그는 자꾸만 세상을 보라며 종용했지.

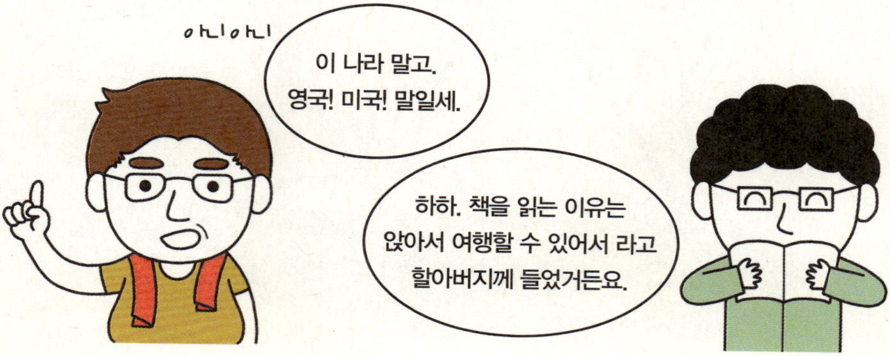

자네, 세상 구경은
많이 했는가?
델리에 간 적이
있습니다.
아니아니
이 나라 말고.
영국! 미국! 말일세.
하하. 책을 읽는 이유는
앉아서 여행할 수 있어서 라고
할아버지께 들었거든요.

그날 밤 모두가 잠든 시간, 왠지 그 남자의 말이 내내 귓가를 맴돌아 잠을 이룰 수 없었어.

바로 그때, 귀청을 찢는 엄청난 굉음과 함께 철로를 벗어난 기차가 전복했어.

끔찍한 사고였어. 기차에 타고 있던 수많은 사람이 죽었고 나도 구사일생으로
간신히 구조됐으니까. 내 몸에도 영원히 지울 수 없는 상처가 남았지.

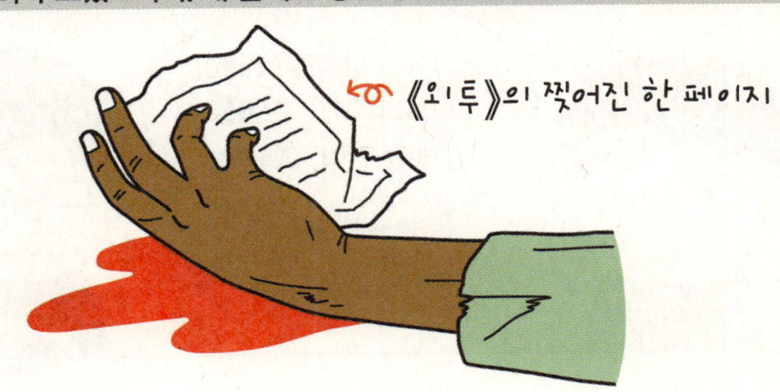

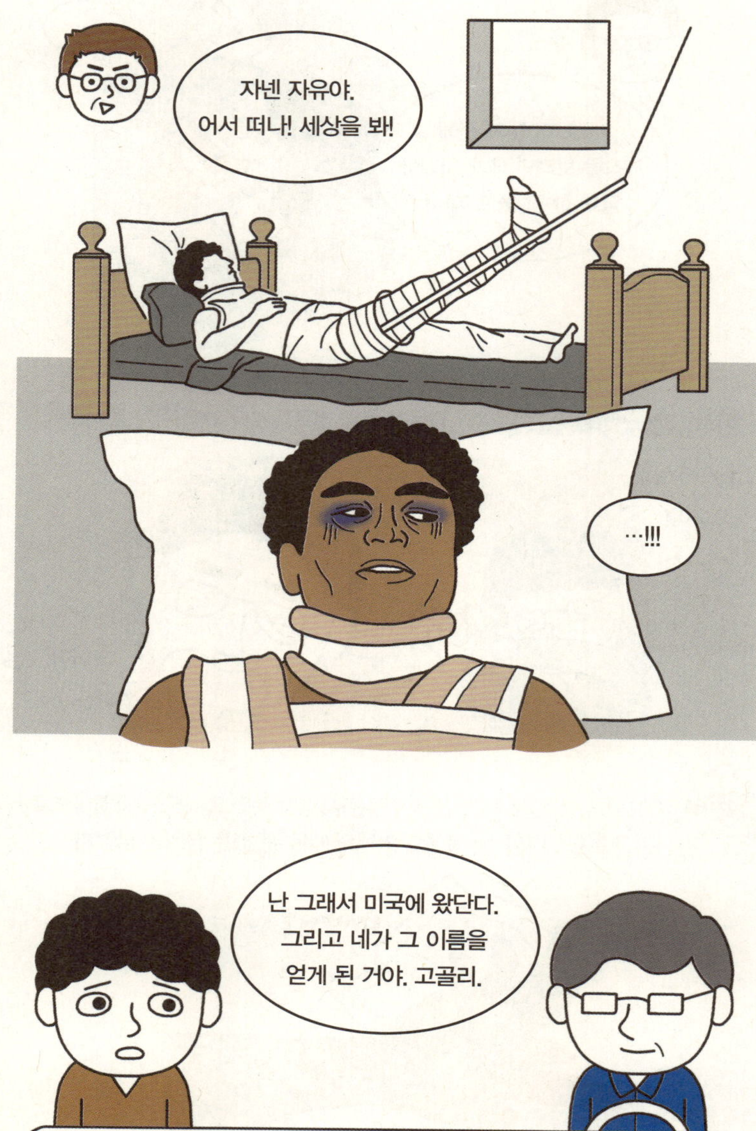

그 후 몇 년 동안 온몸을 옭아매는 끔찍한 고통과 영혼을 좀먹는 절망이 이어졌지만 한편으로는 거부할 수 없는 한 가지 욕망이 스멀스멀 자라기 시작했어.
자넨 자유야.
어서 떠나! 세상을 봐!
…!!!
난 그래서 미국에 왔단다.
그리고 네가 그 이름을
얻게 된 거야. 고골리.

자신의 이름이 사고 이후 아버지가 붙잡았던 유일한 희망이었다는 사실을 알게 된 고골리.

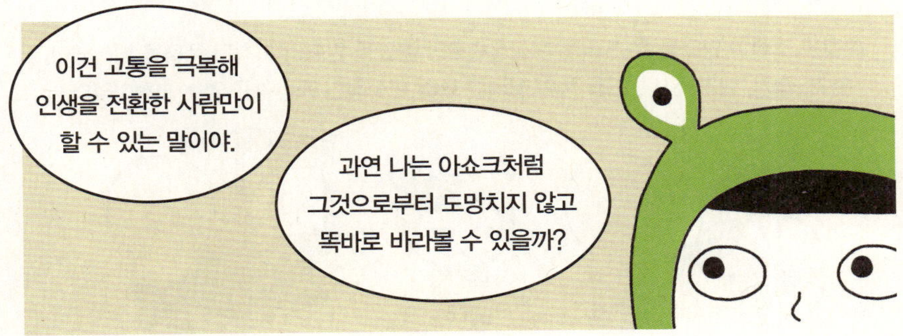

절망에서 열망을 찾아내 담담히 말할 수 있게 된 아쇼크의 대사는 큰 울림을 주었다.

그 후 나는 콜카타에서 영화 〈네임세이크〉의 촬영 장소를 일부러 찾아다녔다.

책과 영화를 통해 인도의 풍경과 느낌을 연상하고 실제로 그곳에 직접 찾아가
또 다른 나만의 이야기를 만들어내는 과정은 꽤 재미있고 의미도 있었다.

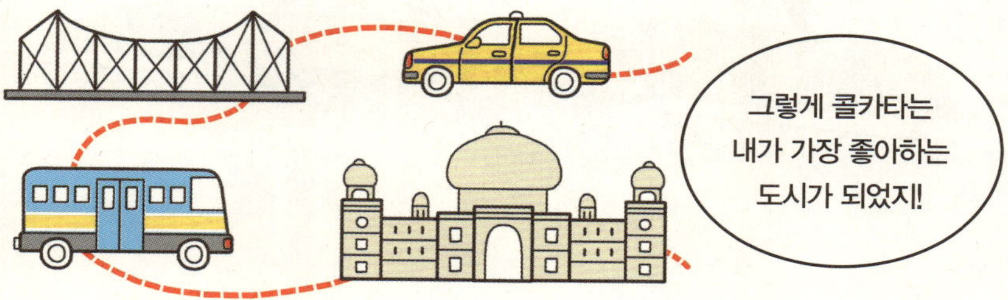

그것은 소설과 영화를 통해 머릿속 상상으로만 끝났을 인도의 고착된 풍경을 뛰어넘어
열기, 습기, 질감, 냄새, 소음 등의 실체를 통해 현실적인 공간감을 얻는 과정이었다.

콜카타 Kolkata
영국의 빅토리아 여왕을 기리기 위해 세워진 빅토리아 메모리얼

320

콜카타 Kolkata
콜카타에는 갠지스 강의 지류인 후글리 강이 흐른다.

영화 〈네임세이크〉의 원작은 《이름 뒤에 숨은 사랑》이라는 제목으로 한국에 번역 출간되었다.
작가인 줌파 라히리는 영국에서 태어난 인도인인데 미국으로 이주해 문예창작을 전공했다.

인도의 서점에서 발견한
〈네임세이크〉 원작소설

그녀는 미국과 인도의 공간과 정서를 섬세히 넘나들며 소설 속 인물들을
생명력 넘치도록 묘사했고 나는 소설가라는 존재에 압도감과 전율을 느꼈다.

멋진 작품을 접하면 창작자에게 '재능을 발휘해주셔서 고맙습니다!'라는 기분이 들곤 한다.

인도에서 여행자들과 각자의 이상에 대해 얘기를 할 때면
어떤 이들은 작가가 되고 싶다던 내게 다양한 일탈을 제시하곤 했다.

경험의 크기에 따라 타인에게 표현할 언어도 풍부해지는 건 자명한 사실이니
창작자라면 그 범위가 남보다 훨씬 넓어야 한다는 그들의 의견에는 솔깃했다.

하지만 한편으론 의문이 들었다.

어떻게 보면 영화, 소설, 여행은 평소 모르던 새로운 이야기를 탐구하는 비슷한 면이 있다.
때문에 그것들을 통해 드러나는 각자의 가치관 차이가 어느 땐 꽤 재미있기도 하다.

여행과 인생을 대하는 방식은 저마다 다르겠지만 한 가지 분명한 건
체험에서 오는 모든 감각을 꿋꿋이 응시하는 사람만이 성장을 도모할 수 있다.

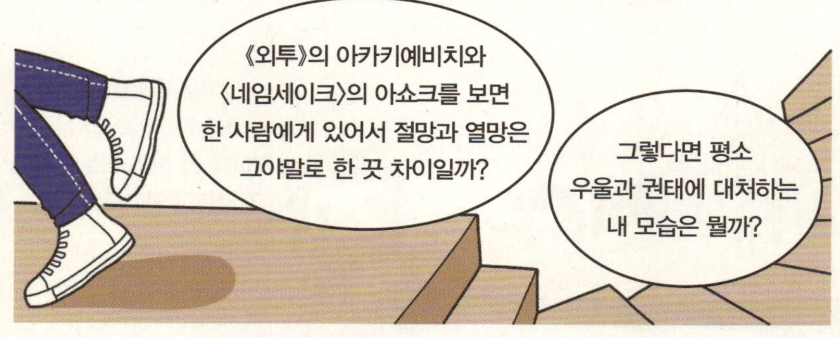

인생은 예측할 수 없어 때로 불안을 동반한다.
하지만 바로 그렇기에 그 또한 매력적인 게 아닐까.

인도의 마법에 취하다

깐야꾸마리 행 기차 안에서 한 인도인에게 내가 찍은 인도여행 사진을 보여준 적이 있다.

인도식 백반인 탈리

사리를 입은 여인의 뒷모습

모래사장의 낙타

그런데 그녀의 반응에 조금 놀랐다.

마침 한국을 여행했던 대만인의 한국여행 사진들을 구경한 적이 있다.
명동, 한글, 한식의 모습이 처음엔 흥미로웠지만 금세 따분해지고 말았다.

대만인 관광객이 사진에 담은 한국의 모습을 엿보던 중
왜 우리는 같은 풍경을 봐도 서로 다르게 느끼는지 궁금해졌다.

내게 익숙한 사물이 누군가에겐 낯설고 새롭게 보일 수 있다는 사실도 신선했지만
그것을 단순히 여행자와 현지인의 차이라고 보기엔 어딘가 부족한 느낌이었다.

트리밴드럼의 이슬람 사원 앞을 달리는 이층버스

푸쉬카르 행 버스에서 앞에 앉은 노인의 화려한 터번

나는 여행에서 돌아온 후 한국의 익숙함에서 낯섦을 느끼려 노력해 봤다.
하지만 처음 며칠만 호기로웠을 뿐 이내 시들해졌고 무미건조한 상태는 내내 계속됐다.

한 가지 놀라운 점은 비단 한국에서만 권태를 느끼는 게 아니었다는 것이다.

인도에서 그토록 가보고 싶었던 폰디체리에 일주일 넘게 머물렀던 적이 있다.
하루는 해변을 걷던 중 문득 내가 주변 풍경을 전혀 안 보고 있다는 걸 깨달았다.

여행지에서는 배낭 하나 달랑 메고 마음에 드는 도시로 옮겨 다니면 그만이지만
한국에서 일상이 권태로 다가올 때마다 매번 이사를 할 수도 없는 노릇이다.

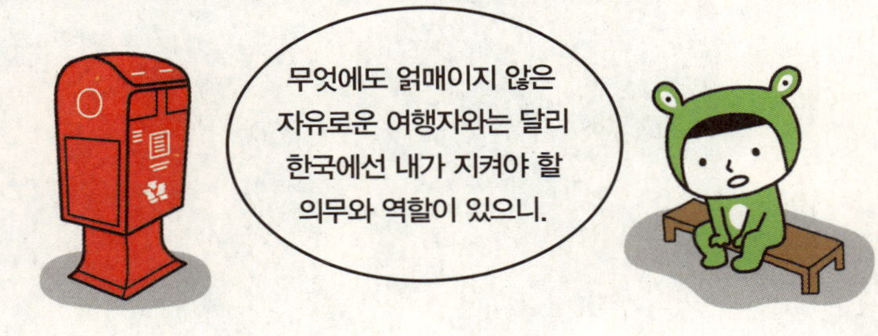

우리가 어느 한 곳을 여행지로 삼는 건 그곳에서 보길 기대하는 풍경이 있기 때문이다.
유독 인도여행을 신기하게 여기는 사람이 많았지만 나 역시 그곳을 선택한 이유는 분명하다.

사원의 설명문을 열심히 읽고 있는 사람들

시장에서 룽기를 입고 앉아 있는 인도인

여행을 오기 전 막연히 상상했던 인도는 굉장히 단편적인 모습이었다.

실제로 인도의 많은 지역은 내가 기대했던 이국적인 모습을 많이 찾아볼 수 있었다.

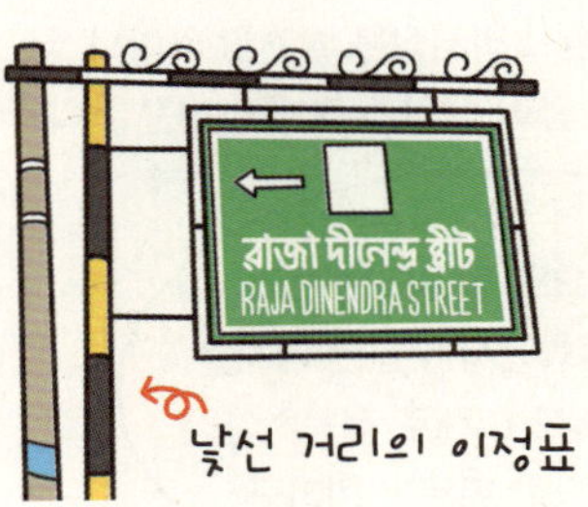

낯선 거리의 이정표

골목길에서 툭툭 등장하는 힌두교 신상

룽기 : 천을 치마처럼 허리에 둘러 입는 인도 남성의 전통의상. 주로 시골에서 많이 볼 수 있다.

335

가끔 눈이 번쩍할 의외성에 놀라기도 했는데
편의, 유흥, 소비가 집결된 대도시를 발견할 때였다.

게다가 인도의 거대한 소비시장을 발견할 때마다
나는 한 치의 의심도 없이 삶의 질로 연결짓곤 했다.

어떻게 보면 여행을 한다는 건 잘려진 단면을 그 주변까지 시선을 넓히는 일인지도 모르겠다.
단순히 지리와 풍경에만 국한된 것이 아닌 나의 편견과 고정관념을 깨는 과정이기 때문이다.

어촌인 코치에는 대형 백화점이 즐비하다

무엇을 위한 소비일까··· 라자스탄 주 자이푸르의 한 보석 상점에서 장신구를 유심히 구경했던 적이 있다. 그럴 듯한 기념품을 하나 갖고 싶지만 도통 결정을 못 내리고 이것저것 기웃거리는데 함께 있던 일행이 말했다. "너도 네가 뭘 원하는지 모르는구나." 그 말은 일순간 뇌리에 남았다. 나는 살아 있기 때문에 남에게 자연스레 보여지는 걸까, 아니면 남에게 보여주기 위해 사는 걸까. 단지 지금 가진 것보다 성능이 더 좋다든지 예쁘다는 이유로 물건을 사고 치장하는 것은 사실 그 물건이 필요한 게 아니라 소비를 통해 드높아진 나를 지켜봐 줄 관객이 필요한 것이다. 내게도 과시욕이 있고, 초라한 건 싫고, 화려하게 보이고 싶은 마음이 있다. 다만 이제부턴 그걸 좀 현명하게 써야 하지 않을까.

카르나타카 주의 주도인 벵갈루루의 번화가

살면서 직접 경험해 보지도 않고 안다고 착각해 왔던 일이 얼마나 많았던가.

어느 날 문득 묘한 호기심이 동한다면 떠나기 위한 준비를 시작할 시간!

지나고 보니 다 좋더라

바라나시^{Varanasi} 정션역에 기차표를 예매하러 갔을 때의 일이다.

예약 사무소에서 신청서를 작성하고 보니 한쪽에 한국인 두 명이 앉아 있었다.
어깨를 축 늘어뜨리고 몹시 피곤해 보였는데 벌건 얼굴이 더위 때문만은 아닌 듯했다.

그들은 예약 사무소 한쪽 벽에 걸려 있던 바라나시의 사진을 가리키며 흥분을 감추지 못했다.

사진 속 바라나시는 갠지스 강의 잔잔한 수면이 햇빛을 받아 금빛으로 반짝였고
인도인들은 그 강에 몸을 담근 채 저마다 두 손을 모아 숭고한 기도를 올리고 있었다.

왠지 그들의 심정을 백 번, 천 번 이해할 수 있었다.
나도 매일같이 인도에 갖고 있던 환상이 그야말로 산산이 조각나곤 했다.

인도에 오기 전 한국에서 수없이 본 영화, 책, 다큐멘터리가 원망스러웠다.

*노 프라블럼은 모든 상황을 긍정적으로 승화하기 위한 인도인들의 능청이다.
상황에 따라 '심각할 거 뭐 있어?', '좋은 게 좋은 거지~'로도 생각할 수 있다.

인도여행의 실상을 깨닫는 건 뒤통수를 맞는 듯 순식간이었다.
그렇지만 정작 그 상황을 받아들이는 건 완전히 별개의 문제였다.

시간이 지날수록 인도에서 내가 기대했던 그윽한 성찰이랄지
철학자가 될 것만 같은 낭만은 망상에 불과했다는 걸 깨달았다.

당장 델리로 가는 기차를 타고 인도를 떠나겠다는 이들의 표정에서 낙심이 엿보였다.
불과 며칠 만에 인도를 벗어나려 했던 예전의 나와 너무도 똑같은 모습에 안타까움을 느꼈다.

나는 여전히 인도의 더위와 거리를 어슬렁대는 소는 좋아하지 않았지만
다른 좋아하는 것들이 하나둘 늘어나면서 아직도 모든 순간을 만끽하고 있었다.

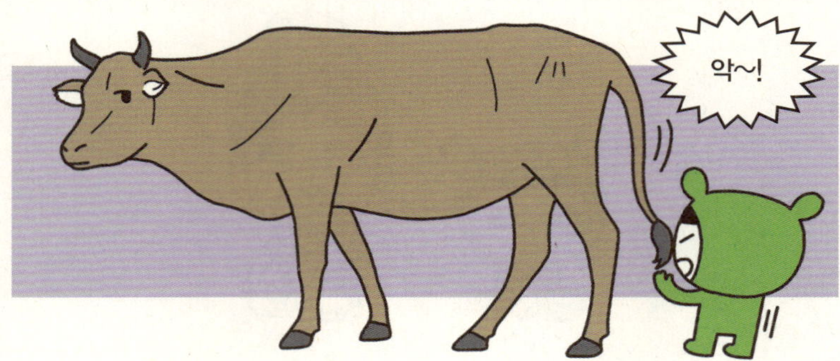

자신을 좋아하려 애쓰던 여행자에게
인도는 여전히 시끄럽고 더럽고 불친절했지만
그럼에도 불구하고.

인생은 다른 곳에 있다
─아르튀르 랭보

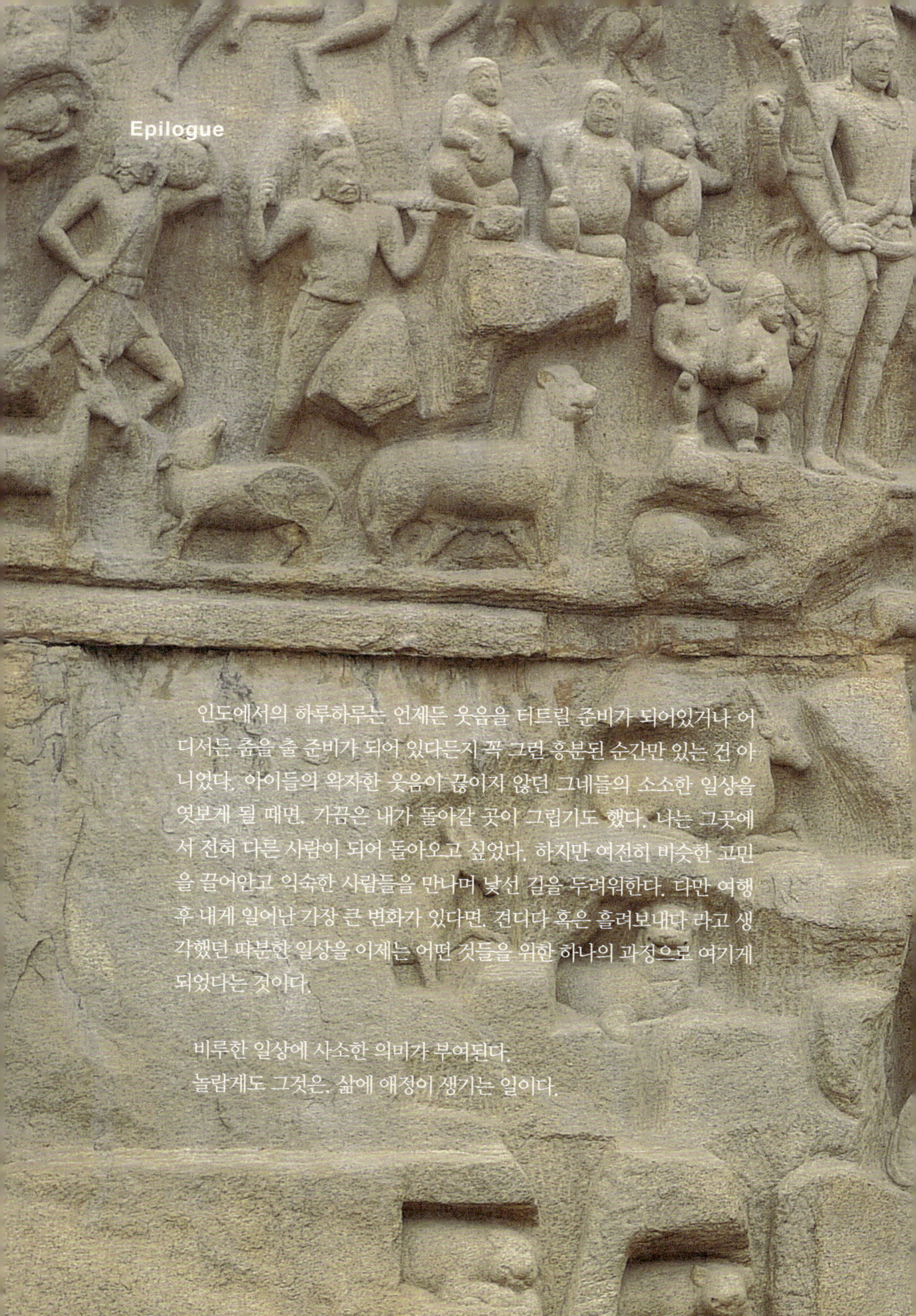

　　인도에서의 하루하루는 언제든 웃음을 터트릴 준비가 되어있거나 어디서든 춤을 출 준비가 되어 있다든지 꼭 그런 흥분된 순간만 있는 건 아니었다. 아이들의 왁자한 웃음이 끊이지 않던 그네들의 소소한 일상을 엿보게 될 때면, 가끔은 내가 돌아갈 곳이 그립기도 했다. 나는 그곳에서 전혀 다른 사람이 되어 돌아오고 싶었다. 하지만 여전히 비슷한 고민을 끌어안고 익숙한 사람들을 만나며 낯선 길을 두려워한다. 다만 여행 후 내게 일어난 가장 큰 변화가 있다면, 견디다 혹은 흘려보내다 라고 생각했던 따분한 일상을 이제는 어떤 것들을 위한 하나의 과정으로 여기게 되었다는 것이다.

　　비루한 일상에 사소한 의미가 부여된다.
　　놀랍게도 그것은, 삶에 애정이 생기는 일이다.

인도, 바람도 그릴 수 있다면…

초판 1쇄 발행 | 2013년 11월 7일

지은이 | 박혜경
발행인 | 김태진 · 승영란
편집주간 | 김태정
디자인 | 표지 여상우 · 본문 박혜경
마케팅 | 함송이 · 강소연
출력 · 인쇄 | 애드샵
펴낸곳 | 에디터
주소 | 서울특별시 마포구 공덕동 105-219 정화빌딩 3층
문의 | 02-753-2700, 2778 FAX 02-753-2779
등록 | 1991년 6월 18일 제313-1991-74호

값 15,000원

ISBN 978-89-6744-018-3 03910

Rs. 750
ताज महल - भारत TAJ MAHAL - INDIA
BHUBANESWAR   CHENNAI CENTRAL
CORONDEL EXP   BRD BHUBANESWAR   SCH.DEP 29-08 21:25
CHINAR APPLE BEER
READY TO SERVE CARBONATED FRUIT BEVERAGE
ARORA TOURS & TRAVE
ADMISSION CONTRIBUTION Rs. 300.00
120812
LUXURY D.S.   No 069375   Rs. 40
HARBOUR CRUISING
GATEWAY ELEPHANTA
JAL VAHATUK SAHAKARI S. M.
Amigo
Candy
INDIA'S PRID
SRI ANDAVAR BUS SERVICE
PUDHUCHERRY
C Sl No 077500
ZOOLOGICAL GARDEN
THIRUVANANTHAPURAM
ADMIT ONE CAMERA
Rs. 25 (Rupees Twenty Five)
인도여행의 흔적들

JOURNEY CUM RESERVATION TICKET
BANGALORE CY JN ERNAKULAM TOWN
230
RT230
Protect yourself from glucoma. Detect it early
due to glucoma can be prevented by regu
HAPPY JOURNEY
Db
099951
200 Ps
NOT TRANSFERABLE
S.W.T.D. ALLEPPEY
அன்னம் 400
0413 - 2343545.
PEOPLE TREE
www.peopletreeonline.com
JOURNEY CUM RESERVATION TICKET
NEW JALPAIGURI   MUGHAL SARAI JN
150 GLORIOUS YEARS
621-0831689
BRAHMPUTRA MAIL
LOGICAL SURVEY OF INDIA   ₹5/-
KETED MONUMENTS OF INDIA
ताज महल TAJ MAHAL
WHFB- 00
ARCHAEOLOGICAL SURVEY OF INDIA
PUDUCHERRY
bonjo
MNH VEGETABLES
WHOLESALE & RETAIL
Ernakulam Market, Cochin-31
Ph: 9995152023   8089118442   9744688532   9539603777
Lx
J13853
250 Ps
NOT TRANSFERABLE
S.W.T.D. Alleppey
WORLD HERITAGE SITES OF
VICTORIA MEMORIAL HA
KOLKATA,
MARCH
STALL NO: 110.
ERNAKULAM
173926
BCB
ADMISSION TICKET FOR
FN F
No.   767   Date :
KODAIKANAL MUNICIPALITY
COAKER'S WALK
NAMASTHE
AMOUNT